アスリートシェフの

チキンブレストレシピ

CHICKEN BREAST RECIPE

鶏むね肉でパワーアップ！

FOREWORD

昨今のランニングブームも、ただの健康ブームではなく、生活の中に体を動かす時間を取り入れるという、一つのライフスタイルになってきました。
私自身も時間を見つけては、トライアスロンにサーフィン、マラソン、トレイルランニングと、アウトドアスポーツを目一杯楽しんでいます。

理想の身体をつくったり、目標とする大会に向かって日々の練習を積み上げる中で、切っても切り離せないのが食事です。鍛え上げた身体のパフォーマンスのカギを握っているといっても過言ではないでしょう。

適度な運動をし、野菜、魚、肉、フルーツなどをバランスよく摂り、質のよい睡眠をとることで、代謝のよい身体が維持できるのですが、今回はその中でとくに注目を集めている鶏むね肉を使ったお料理を紹介させていただきます。

鶏むね肉は高タンパクでカロリーが低く、身体づくりには最適です。またほかの肉類と比べて低価格で経済的であるといえます。最近では疲労回復効果も実証されました。練習で与えられたダメージを回復することで、前よりも大きく強くなっていく筋肉をつくる良質のタンパク質源として鶏むね肉に勝るものはないでしょう。

しかし、残念ながら、鶏むね肉はパサパサとしていて、おいしいというイメージがあまりなく、料理バリエーションも少ないため、身体づくりのために我慢しつつ食べている方も多いようで、なかなか続けて食べるのが難しいのではないでしょうか。最近ではコンビニで加熱済みのチキンを見かけますが、せっかくなら自分でつくってみるのも楽しいでしょう。

フランス料理において、鶏肉はモモ肉よりもむね肉のほうがおいしいとされ、最高の〜、至高の〜、などの意味を持つ“シュープレーム”と言われています。本書ではいろいろな調理法で、おいしく食べるコツや工夫を織り交ぜながら紹介させていただきました。

紹介したレシピが、身体を鍛えているみなさんの毎日の食事に役立ち、そして鶏むね肉を簡単でおいしく、バリエーション豊かに楽しんでいただけるヒントになれば、こんなにうれしいことはありません。

2016年10月

レストラン オギノ
荻野　伸也

CONTENTS

ささみを使って

挽肉でふわふわ鶏つくね

コラム

撮影 天方晴子

デザイン 渡辺慧

編集 佐藤順子

凡例

❶ 鶏むね肉は1枚の重量を皮つきで300g、皮をはずして250gを基準にしました。

❷ 材料は2人前を基本とします。料理の仕上がり写真は、1人前の場合もあります。

❸ 栄養計算はことわりのないものは1人前の計算としました。

❹ バターはすべて無塩バターを使用しています。

カラダってどんどん変わっていきます！

── 荻野さんのトレーニング日記

僕が本格的にトレーニングをはじめたのは、30歳。がむしゃらに過ごした20代が終わり、何か新しいことを始めようと、店のお客さんと一緒に始めたのが「走る」ことでした。当時からランはブームになっていたのですが、人と同じことをするのも性に合わないので、「トライアスロン」にトライすることにしました。

それから8年ちょっとになりますが、今では毎年6月に開催されるロングディスタンスの「長崎五島国際トライアスロン大会」が僕のメインレースになりました。12～13時間かかるレースです。どれだけの長さかというと、店のある世田谷区の池尻大橋から港区の西麻布の交差点まで泳いで、そこから静岡県の浜松まで自転車をこぎ、浜松から愛知県の豊橋まで走るってことを想像してください。筋肉、心肺機能、スタミナが必要とされるレースです。

でも毎年記録は着実に上がっているんですよ。鍛えれば60歳からでもカラダは変わっていくそうです。目下11時間をきることが、僕の当面の目標です。

荻野さんの1日

起床してから寝るまでのスケジュールを教えてください

仕事を軸にして毎日の生活が回っています。火曜日から金曜日までは、ディナー営業のみ。仕込みや打ち合わせの空き時間にはトレーニングをチョコチョコ入れることができます。土日祝日はランチ営業があります。そして月曜日が休日になります。

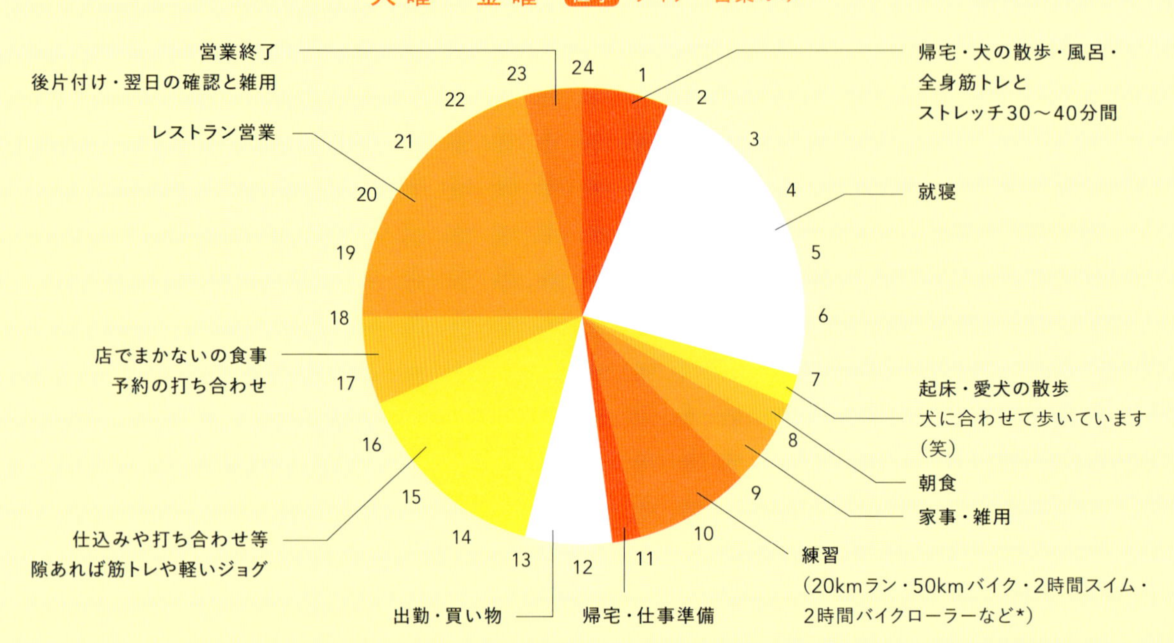

*バイクローラーは多少音がしますが、ロードと違って信号待ちがないので、きっちり追い込むことが出来ます。

土日祝 仕事 ランチ営業あり

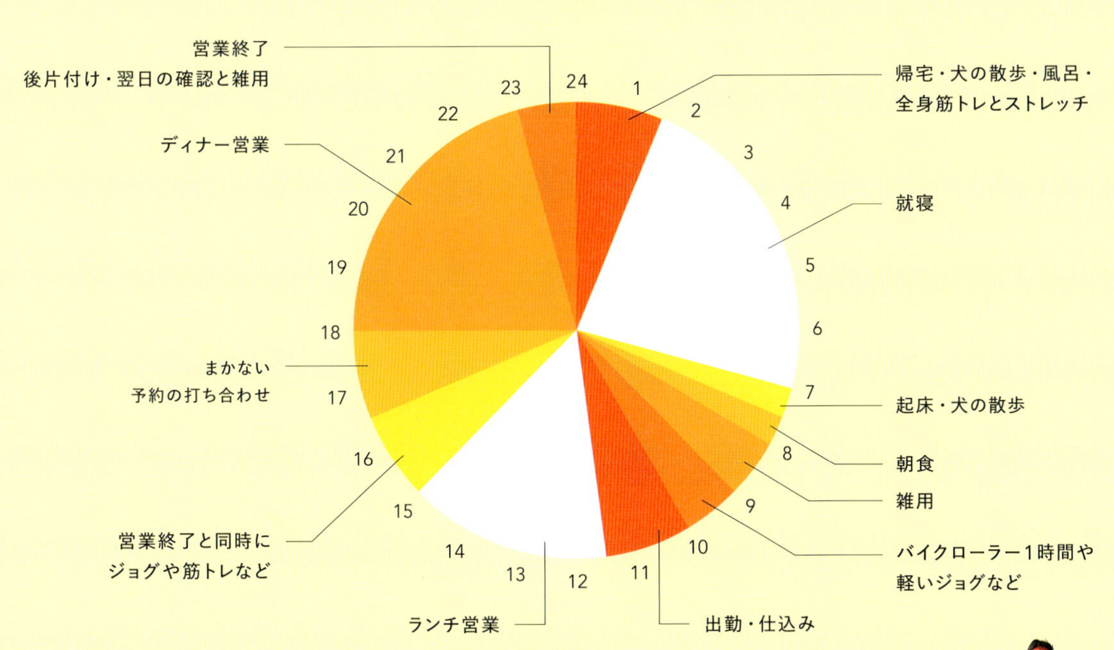

営業終了
後片付け・翌日の確認と雑用
ディナー営業
まかない
予約の打ち合わせ
営業終了と同時に
ジョグや筋トレなど
ランチ営業
出勤・仕込み
バイクローラー1時間や
軽いジョグなど
雑用
朝食
起床・犬の散歩
就寝
帰宅・犬の散歩・風呂・
全身筋トレとストレッチ
24
1
2
3
4
5
6
7
8
9
10
11
12
13
14
15
16
17
18
19
20
21
22
23

月曜日 休日 休業日はがっつり練習の日

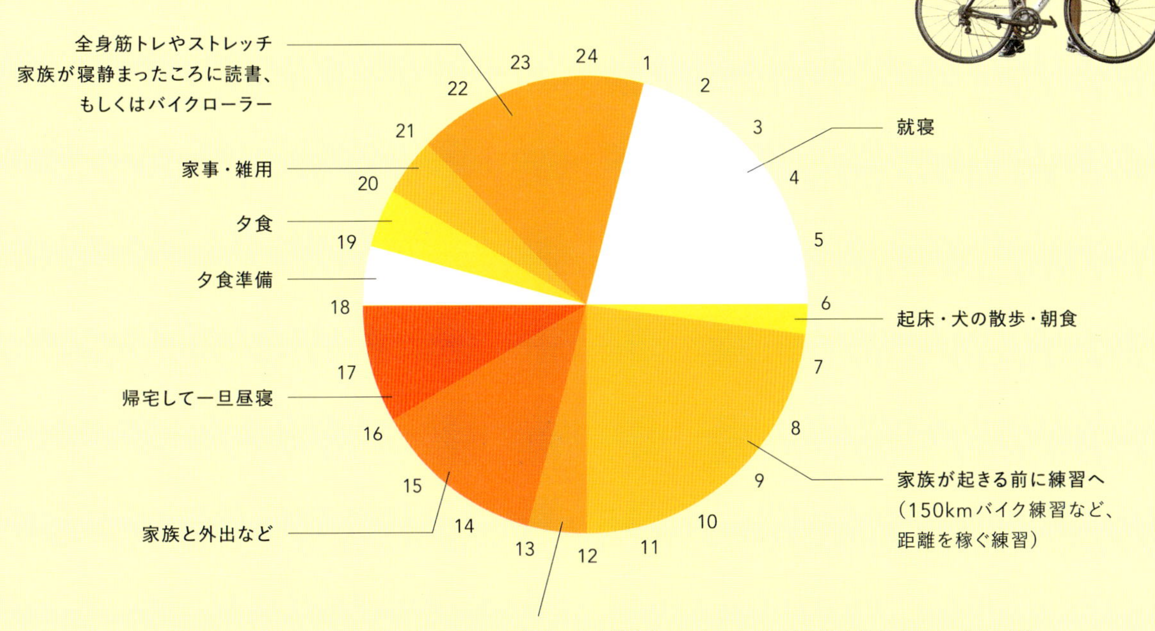

全身筋トレやストレッチ
家族が寝静まったころに読書、
もしくはバイクローラー
家事・雑用
夕食
夕食準備
帰宅して一旦昼寝
家族と外出など
帰宅・軽く昼食（パスタ・パンなどの炭水化物中心にごく少量）
家族が起きる前に練習へ
（150kmバイク練習など、
距離を稼ぐ練習）
起床・犬の散歩・朝食
就寝
24
1
2
3
4
5
6
7
8
9
10
11
12
13
14
15
16
17
18
19
20
21
22
23

どんな競技大会に出場していますか？

メインとしているのはロングディスタンスの「長崎五島国際トライアスロン大会」です。

トライアスロンは距離別にカテゴリーが分かれるのですが、僕がエントリーするのは一番長くて時間もかかるレースです。内容はスイム3.8km、バイク180.2km、ラン42.2kmを制限時間15時間〜17時間というものです。

ほかにも山を駆け上がるトレイルランニング、100kmマラソンにも出たことがあり、これからは100kmを超えるトレイルランニングにもエントリーしていきたいと思っています。

タイムや順位を競うよりも自分の限界に挑戦するような持久力系スポーツが好きです。そりゃ、苦しいですよ。でもね、やればやっただけ進歩するんですよね。到達できなかった結果へのくやしさをバネにしています。

レースのための食事と栄養について教えてください

食事はレースの4ヵ月前ごろから炭水化物中心にタンパク質とビタミンを多めに摂るように意識し、追い込み時期の2ヵ月前からは、炭水化物よりもタンパク質とビタミンが多くなります。

1ヵ月前からは脂質と炭水化物を多めに摂ってスタミナを強化するようにしています。

レース2〜3日前は生ものや肉類を避け、胃腸の負担を減らすため、野菜と炭水化物が多めになります。胃腸の調子が悪いと、競技中に補給を摂取できなくなってしまうんです。

大会当日の朝は、糖質の補給に時間差をつけたいので、炭水化物としてお米や餅、パンなどのように消化してレース中にエネルギーとして糖質に代わるものを多めに摂ります。レースは早朝開始なので、午前3時すぎから食べ始めます。

レース中の補給はオーガニックのハチミツやエネルギージェルをバイクボトルに満タンに詰め込んで走り、途中でミネラルやマグネシウムの補給食を摂って痙攣や脱水予防をし、クッキー、コーラなどの血糖値が一気に上がる即効性のあるものを摂ります。少し炭酸が抜けた甘みの強いドリンクがいいのですが（炭酸が効いていると飲みづらいんです）、僕にはコーラが一番合っています。

ロングのトライアスロンでは、朝から合計すると7000〜8500kcalを摂るように計算していますが、それでも補給が足りないと、だいたい最後のラン25km過ぎあたりで意識が遠くなってしまうので、そうなる前に少しずつしっかりと摂取するようにしています。

レースの6ヵ月前から本格的にトレーニングを開始します。それ以外の時期は、週に4〜5時間走ったり、トレイルランニングを楽しんでいます。

【 6ヵ月前 】

毎年6月のレースに向けて調整しています。正月明けから徐々に体をつくり始め、3月くらいまでは低強度で長時間練習をします。体のベースをつくるこの時期は大体週に7〜8時間練習にあてます。平日は2日に1回1時間、休日に3時間というところです。

平日は家の近所を1時間軽く走る、バイクローラーで足を回す、1時間止まらずに泳ぎ続けるという感じです。休日はランなら20km、バイクなら70〜80kmを走る程度でしょうか。

トレーニングのときは音楽などは一切なしで考え事をしながら走っていますね。考え事できるくらいの強度の練習であるともいえます。目安は筋肉痛にならない程度です。

【 2〜3ヵ月前 】

3月後半から4月頃は少し強度と距離、時間が伸びてきて、週に12時間くらいトレーニングにあて

ます。ほぼ毎日行ないますが、1〜2時間かけて心拍数を意識しながらのランやバイクが中心となります。池尻〜池袋をランニングで往復したり、1時間で折り返したり。一定のペースで走れる強度（速さ）で行なっています。

休みの日は、午前中から100〜120kmのバイク練習がメインです。湘南にお店があるので、そのあたりまで行って帰ってきたり、八王子を越えて相模湖や奥多摩を往復します。強度は少し高めで考え事ができないくらいになってきます。

せっかくの休みにつらい練習ばかりしていると頭がおかしくなりそうなので、目的地周辺でのおいしいランチやご褒美になる食べ物をひたすら目指して頑張るんです。こういうときのご褒美はラーメンとかハンバーガーなどのカロリー高めのものになるというのは面白いです。身体は正直なものですね。

もちろん食べたらもう1回同じ道を引き返すわけですが…。

【 1ヵ月前 】

レースの1ヵ月前の5〜6月はじめになると、強度をさらに上げ、長時間の超追い込み時期に突入します。睡眠時間を毎日2〜3時間削って追い込みます。

ここまでくるとラン15kmのあとにバイクを40km、70kmバイクのあとに10kmのランというような、ランとバイクを組み合わせた練習となり、ペースもレースと同程度の強度までもっていきます。目安となるのは平均時速と心拍数ですが、ランであれば1kmを5分半、バイクなら時速30km、平均心拍数は、145〜155まで上げます。これがツライ。

それと同時に最大心拍数を上げるために高強度の練習も組み込みます。200mダッシュや坂道ダッシュ、バイクであればローラーで負荷を最大にして全力で回すインターバル練習です。これまた死ぬほどツライ。

愛知の実家に帰ることがあればバイクで山を登れるところまでのぼり、ランシューズに履き替えて山道を頂上超えて稜線沿いに走ることもあります。とにかく限界までもがいてヘトヘトになるまで追い込みます。

緩急織り交ぜた練習を週に14～16時間行なって、心肺機能とスタミナ、脚力や筋力を一気に高めていきます。

このときの目安は、翌日筋肉痛になるくらいの強度です。筋肉痛になるということは筋肉組織が破壊されている証拠なので、身体にやさしい練習をしてもだめです。ここ何年か、翌日筋肉痛になると、まだ強くなる筋肉が残っているのかと、ちょっぴり嬉しくなります。

体脂肪率も1ケタとなり、食事面にとても気を使います。筋肉にダメージが大きいため、食事では鶏むね肉を中心とするタンパク質が多くなり、壊れた筋肉の回復をスムーズに行ない、疲労が残りにくいようにしています。

長距離の持久系スポーツの場合、本来は体脂肪は少し残っているほうがスタミナが長持ちするのでしょうが、僕の場合、どんどん落ちていってしまうので、食事と補給で脂質と糖質を補うように気をつけています。

【 1週間前 】

レースの1週間前になると、徐々に強度を落として疲労をとり、食事も脂質と炭水化物を多くしてエネルギーを体内にためていきます。練習量はほぼゼロでストレッチだけという感じです。

食事に気を遣うとはいえ、職業柄食べることは四六時中です。ですので基本的に1日2食で、朝食はシリアルとヨーグルトと大量のフルーツ、そしてコーヒー1杯です。

夕方のまかない食では担当のスタッフにリクエストして、今回ご紹介した鶏むね肉を使った料理などを思いきり食べています。

トレーニング以外で体のために気をつけていることは?

何といってもストレスをためないことです。これは仕事柄なかなかうまくいきませんが、そういうときこそ頭を空っぽにしないと耐えられないような練習をしますね。

毎日の生活リズムを乱さないことも大切です。僕はお酒が飲めないので、仕事後の飲み会などは一切行きません。休みも仕事の日も同じ時間に起きて寝ることを心がけています。休みの練習の日のほうが早く起きることが多いですが。

そして睡眠の質を上げること。そのためには1日が終わる頃にはヘロヘロになるほど疲れていることと、僕の場合、愛犬と一緒に寝るということが快眠の秘訣です。

荻野さんの食事日記

1978年愛知県生まれの38歳。
身長172cm、体重62kg、体脂肪率12％前後。
1日の食事は朝7時半からの朝食と
午後4時半からのまかない食のみ。

朝食

毎日、シリアル（玄米や五穀などが入ったもの）、無糖ヨーグルト、コーヒー、季節のフルーツを多めに摂ります。これ以降、試食などない限り夕方まで一切食べません。

いつもの朝食
（シリアル、フルーツ、ヨーグルト、コーヒー）

夕食

毎日店でまかない食を食べますが、休日は家でも基本的に一汁一菜+1品がベースです。ご飯は毎食だいたい 1合程度。

1

イカのトマト煮込み、ターメリックライス、
アボカドとトマトのシーザーサラダ、フルーツヨーグルト

2

マーボー春雨、鶏むね肉と水ナスのネギポン酢、
卵スープ、ご飯

3

ひよこ豆のキーマカレー 目玉焼き添え
リンゴのヨーグルト和え、野菜サラダ

4

チャーハン、ワカメスープ、カニ玉のカニ無し、
鶏むね肉バンバンジー

5

カレーうどん、大葉とミョウガの混ぜご飯、
野菜サラダ

チキンブレスト（鶏むね肉）をおいしく食べよう！

鶏の代表的な部位です。むね肉の両側には手羽がついています。そしてむね肉の奥にはささみがあります。

今までは、味が濃厚なもも肉が好まれてきましたが、最近むね肉に含まれる**イミダゾールジペプチドによる疲労回復効果**が明らかにされて、むね肉がにわかに注目を集めています。

料理篇に入る前に、むね肉の魅力を再確認しておきましょう。

こんなにすごいむね肉パワー

高タンパク低カロリーでアスリート必携。
疲労回復物質イミダゾールジペプチドがたっぷり。

手軽につかえる

低価格で一年中どこでも入手可能。サラダチキンや鶏しゃぶしゃぶなどつくりおきすれば短時間で一品料理が完成。

淡白な味わい

淡白な味なので飽きません。本書ではご飯やパスタといった炭水化物の代わりに使った例もご紹介。また、さまざまな味で楽しめます！

皮をむけばカロリーダウン

皮をむいてしまえば、皮下の脂肪分が一緒に除かれるために、カロリーはぐっと下がります。

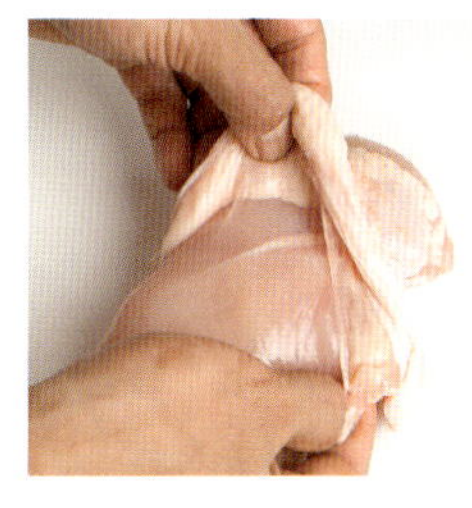

皮は手で簡単にむくことができます。皮はとっておいてください。サラダチキンをゆでるときに使います。

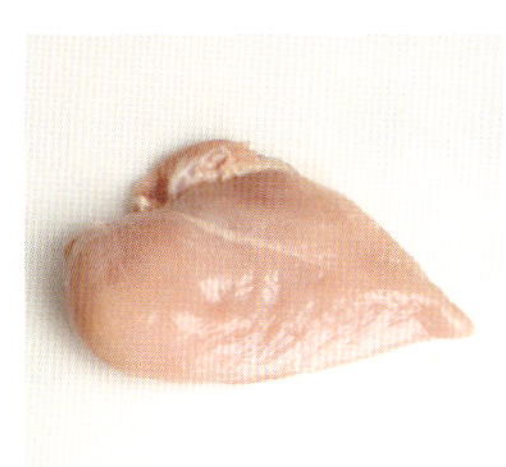

むね肉は真ん中で肉の繊維が通る方向が分かれます。本書では皮をむいたむね肉を使用します。レシピページは以下のように基準を決めました。

むね肉１枚 300g　**皮をむくと 250g**

column vol.1

イミダゾールジペプチドって何？

イミダゾールジペプチドとは、イミダゾール基をもつジペプチドの総称で、ヒスチジンとβ―アラニンという二つのアミノ酸からなります。シンプルな構造なので、体に吸収されやすいのが特徴です。カルノシンとアンセリン、いずれもイミダゾールジペプチドです。

なぜ、今注目されているのでしょうか。それは、イミダゾールジペプチドが抗酸化作用、傷の修復作用、運動により低下するpHを元に戻す緩衝作用などにより、疲労回復と持久力アップの効果があることがわかってきたからです。厚生労働省の調査によると、就労人口の約6割が疲労を自覚し、さらにその半数は6ヵ月以上続く慢性疲労に悩んでいるとのこと。疲労回復に関する研究は、盛んに進んでいます。

このイミダゾールジペプチドは、身近な食材に含まれています。その筆頭が鶏肉です。まずは、部位による成分を比較してみましょう。

■鶏肉100gの成分比較

	エネルギー(kcal)	タンパク質(g)	脂質(g)	イミダゾールジペプチド(mg)	
				カルノシン	アンセリン
もも肉(皮なし)	127	19.0	5.0	88	411
むね肉(皮なし)	116	23.3	1.9	161	769
ささみ	105	23.0	0.8		
挽肉	186	17.5	12.0		

むね肉とささみは、もも肉に比べて高タンパク・低脂肪なので、筋肉の材料として最適です。脂肪分が少ない分パサつきやすいことと、価格を考慮すると、ささみよりむね肉のほうが使いやすいでしょう。さらに、むね肉のイミダゾールジペプチドの含有量は、もも肉の約2倍。その多くは筋肉に含まれるため、皮と脂肪を取り除くと、約40%カロリーカットしながら取り入れることができます。また、むね肉を挽肉にしたり、冷凍したり、加熱しても効果は変わりません。蒸し汁やスープにも溶け出しますので、上手に活用しましょう。店頭に並ぶ挽肉には、皮や脂肪も含まれています(表内は混合タイプの数字)。

イミダゾールジペプチドの疲労回復効果については、継続的に摂取することがポイントです。鶏肉の他にも、豚肉や牛肉、カツオ、マグロ、サケにも含まれていますので、偏らずに食べましょう。

(山下圭子)

■イミダゾールジペプチド含有量(mg/100g)

	イミダゾールジペプチド	
	カルノシン	アンセリン
豚肉	458	34
牛肉	405	143
カツオ	66	1228
マグロ	+	656
サケ	48	613

*+は微量を示す。

*上記二つの表内のイミダゾールジペプチドの含有量は、
阿部宏喜氏(シーフード生化学研究所主宰・東京大学名誉教授)による。

毎日食べて疲労回復！

チキンブレストレシピ

鶏むね肉

サラダチキンをつくろう！

コンビニのサラダチキンに飽きたみなさんにおすすめの「自家製サラダチキン」です。つくり方はいたって簡単。水の中にむね肉を入れて火にかけるだけ。沸いたらすぐに火を止めてそのまま冷まします。余熱でゆっくり火が通るので、信じられないほどしっとり柔らか。

薄く下味をつけたので、あらゆる料理にアレンジできて飽きがきません。まとめてつくっておけば、あっという間に一品完成します。

また鶏むね肉は脂肪分が少なく、クセも少ないので、パスタやご飯などの炭水化物の代わりに使えるのもうれしいところ。糖質制限派にはうれしいですね。自家製サラダチキンでおいしく糖質をコントロールできます。

材料

鶏むね肉*…300g×2枚
長ネギの青い部分（ぶつ切り）…2本分（50g）
ショウガ（薄切り）…20g
塩…6g
水…1リットル

*鶏むね肉は皮つきで1枚300gを基本とします。
皮をはぐと250gほどになります。

1 ゆでる

直径18cm、高さ9cmの鍋を用意しました。大きすぎると水からむね肉が顔を出してしまいます。鍋に合わせて水を増やすと、ゆでたあとの煮汁の旨みが薄くなってしまいます。

鍋にむね肉とはいだ皮を入れます。ちょうどよいサイズの鍋を用意してください。

4

火にかけます。火加減は強火でOKです。

7

このままおいて常温程度まで冷まします。

沸騰したら火を止める

タンパク質 58.3g　カロリー 290kcal　糖質 0.3g

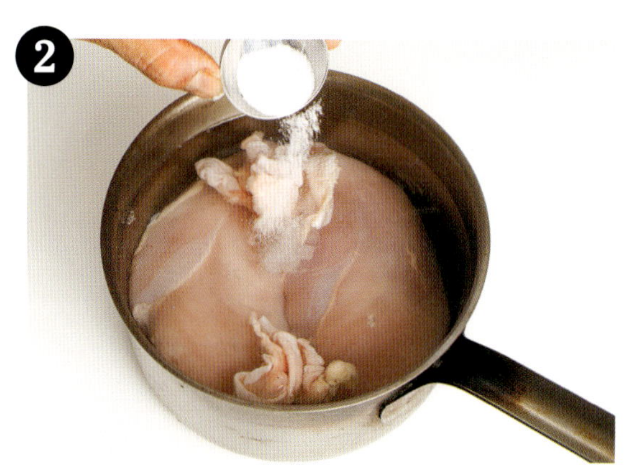

2 水を注いで、下味をつけるために塩を加えます。きちんと肉が水に浸かることが大事です。

3 長ネギとショウガを入れます。

皮を入れるとやや鶏肉のクセが出ますので、これを和らげる効果があります。
洋風にしたいときは、ニンジン、タマネギ、セロリ、パセリなどに変えてもいいでしょう。

5 グツグツと沸いたらすぐに火を止めます。

6 むね肉同士がくっついてしまう場合があるので、スプーンなどを使って混ぜておきます。

8 密封容器にむね肉と煮汁を注ぎます。完全に冷めたら冷蔵庫に入れれば5日間ほど日持ちします。

POINT

冷たい料理には、煮汁から取り出して必要な大きさに切ったりさいたりして使います。温かい料理に使うときは、ほぐしてから熱した煮汁に浸けて、すぐに火を止めます。あくまでも温めるのみ。肉に火を入れないようにしてください。

鶏むねハムのホットサンド

タンパク質 29.0g　カロリー 853kcal　糖質 42.3g

あつあつが一番だけど、冷めてもおいしいので、お弁当にもぴったり。

材料：1人前

自家製サラダチキン
（P16／5mmの薄切り）…50g
食パン（8枚切り）…2枚
トマト（5mmの輪切り）…50g
とろけるチーズ…2枚
バジルの葉…4枚
オリーブ油…大さじ3＋大さじ2

作り方

❶ 食パンの上にトマト、サラダチキン、バジルの葉、とろけるチーズを順に重ねて最後に食パンをのせます。

❷ フライパンにオリーブ油大さじ3をひいて弱火にかけ、❶のサンドイッチを入れて上から押して焼きます。

> フライ返しで押してもいいし、バットの上に鍋などをのせて重みをかけてもOK。

❸ キツネ色に焼けたらフライ返しで裏返して、オリーブ油大さじ2を追加します。

❹ パンがおいしそうに色づいて、温まったら出来上がり。中のチーズもとろりと溶けています。

鶏むね肉の
バンバンジーサラダ
ミントと胡麻風味

サラダチキンは包丁を使わずに手でさいたほうが、
ソースがからみやすくなります。

タンパク質 25.5g
カロリー 417kcal
糖質 13.1g

材料：2人前

自家製サラダチキン（P16）…120g
キュウリ（細切り）…1本分
赤パプリカ（細切り）…80g（½個）
バンバンジーのタレ
　サラダチキンの煮汁…150cc
　白煎り胡麻…100g
　ニンニク…10g（1片）
　ショウガ…15g
　醤油…大さじ1
　砂糖…10g
ミントの葉…適量

作り方

❶ バンバンジーのタレを用意しておきます。材料をすべてミキサーに入れて回し、なめらかな状態にしておきます。

❷ サラダチキンを手でさきます。キュウリ、赤パプリカを細切りにします。

❸ ❷をボウルに入れて、❶のタレを混ぜて盛りつけます。ミントの葉をたっぷり添えるとさわやかです。

タンパク質 24.4g　カロリー 156kcal　糖質 4.2g

サラダチキン
ガスパチョソース

水分が多いソースは離水しやすいため、混ぜたら時間をおかずに食べてください。
ナンプラーがないときは、塩2つまみで代用します。

材料：2人前

自家製サラダチキン（P16）…200g
ガスパチョソース
- トマト（大玉）…250～300g（1個）
- 玉ネギ…40g（¼個）
- ニンニク…10～15g（1片）
- セロリ…30g
- 赤パプリカ…40g（¼個）
- キュウリ…1本
- 食パンの耳（8枚切り）…½枚分
- 酢…大さじ1
- オリーブ油…大さじ1
- ナンプラー…10g
- あればタバスコ…2～3滴

作り方

1. サラダチキンを手で大きめにさきます。
2. ガスパチョソースの材料をすべてミキサーに入れて回してなめらかなソースをつくります。
3. サラダチキンにガスパチョソース150gをからめてどうぞ。

自家製サラダチキンとキヌアとマンゴー、野菜のサラダ

マンゴーの甘みが決め手です。
最近注目のキヌアを使ってみました。
合わせる野菜は、
生で食べられるものなら何でもOK。
水ナスやセロリなら間違いありません。

タンパク質 25.7g
カロリー 399kcal
糖質 44.9g

材料：2人前

自家製サラダチキン（P16）…150g
キヌア…100g
キュウリ（5mm角）…1本分
赤玉ネギ（5mm角）…80g（1個）
赤・黄パプリカ…各80g（各½個）
マンゴー（5mm角）…100g（½個）
オリーブ油…大さじ2
酢…大さじ1
塩…小さじ1
コショウ…適量

作り方

1. サラダチキンは手で大きめにさきます。
2. キヌアを沸騰した湯で7～8分間ゆでます。プチプチとはじけてきたらザルにあけて冷ましてください。100gのキヌアがふやけて130gに膨れます。
3. サラダチキン、キヌア、野菜、マンゴーをボウルに入れます。ここにオリーブ油、酢、塩、コショウを加えて味をつけて出来上がり。

ペペロナータ風
自家製サラダチキンのマリネ

タンパク質 24.1 g　カロリー 224 kcal

★1本分の計算

つくりおきがきくマリネです。
ペペロナータはつくってから3日間ほどおくと、
パプリカの甘さがじんわりと全体になじんできます。

材料：2人前

自家製サラダチキン（P16）…200g
ペペロナータ
　赤・黄・緑パプリカ…各1個
　トマト（中玉・1cm角）…1個分
　合せ調味料
　　塩…小さじ1
　　コショウ…適量
　　酢…大さじ2
　　オリーブ油…大さじ4
　　ニンニク…10g
　　（すりおろしorみじん切り）
バジルの葉…適量

作り方

❶ ペペロナータを用意します。まず3色のパプリカの表面をコンロ（直火）で真っ黒になるまで充分焼きます。

❷ 流水の下で皮をむいて、1cm幅に切っておきます。

❸ パプリカとトマトに合せ調味料を加えて混ぜ、15〜30分間（一晩おいてもOK）おいて味をなじませます。ペペロナータの出来上がり。

❹ サラダチキンをパプリカと同じくらいの大きさにさき、ペペロナータ200g、ちぎったバジルの葉を混ぜます。

タンパク質 29.4g　カロリー 337kcal　糖質 14.5g

カポナータ風
自家製サラダチキンのマリネ

クセのないサラダチキンをパスタがわりにしてパスタソースと和えれば、糖質制限のパスタ風に。

材料：2人前

自家製サラダチキン（P16）…200g
カポナータ
　玉ネギ（1cm角）…½個分
　ニンニク（みじん切り）…10g（1片）
　ナス（厚さ2cmの輪切り）…3本分
　トマトホール…400g（1缶）
　オリーブ油…大さじ2
　塩、コショウ…各適量
パルメザンチーズ…大さじ1
バジルの葉…5～6本分

作り方

❶ まずカポナータをつくります。オリーブ油をフライパンにひいて、玉ネギとニンニクを弱火で炒めます。

❷ 玉ネギがしんなりしてすき通ってきたら、ナスを入れて全体に油をからめます。ここにトマトホールを手でざっくりとちぎって加えたら強火にします。

❸ 水分を飛ばしながら炒めて、ナスに火を通していきます。塩、コショウを加えて5～6分間炒めたら火を止めて冷まします。

❹ サラダチキンを大きめにさいて、❸のカポナータと混ぜ合わせます。

❺ 器に盛りつけたら、バジルを散らし、パルメザンチーズをふりかけます。

自家製サラダチキンの生春巻

タンパク質 7.7 g　カロリー 88 kcal

★1本分の計算

一手間加えたエスニック風。
手で持って食べることができるので、
カジュアルなパーティでも活躍します。

材料：2本分

自家製サラダチキン（P16）…30g×2本分
ライスペーパー…2枚
ニラ…2本
ミント…6本
パクチー…6本
赤パプリカ（細切り）…2切れ
スイートチリソース…適量

作り方

❶ ライスペーパーをぬれた布巾の上に広げてください。霧吹きで水をふきかけて柔らかく戻します。
❷ ❶の上にニラ、ミント、パクチー、赤パプリカ、細めにさいたサラダチキンをのせて巻きます。
❸ 食べやすく切り、スイートチリソースを添えてください。

自家製サラダチキン入り ソムタムのバインミー

タンパク質 13.1 g
カロリー 278 kcal

ソムタムは青いパパイヤを使った代表的なタイのサラダ。
入手しづらいのでニンジンと大根で代用しました。一晩マリネするとぐっとおいしくなります。

材料：2人前（写真は1人前）

自家製サラダチキン（P16）…200g
ソムタム
　ニンジン（細切り）…200g（1本）
　大根（細切り）…200g
　砂糖…大さじ1
　酢…大さじ2
　ナンプラー…大さじ1
パクチー…適量
バゲット

作り方

❶ ソムタムをつくります。ニンジンと大根をボウルに入れて混ぜ、そのほかの調味料をすべて加えてよく混ぜます。
❷ 1〜2時間おいて味をなじませます。一晩おくと、よりおいしくなります。
❸ バゲットに切り目を入れて開き、❷のソムタムと手で大きくさいたサラダチキン、パクチーをはさみます。

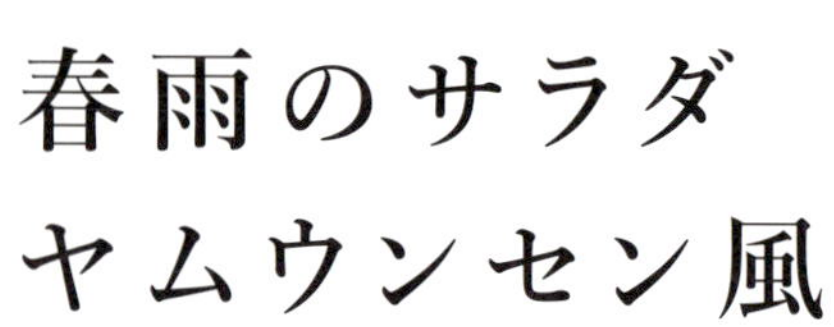

自家製サラダチキンと春雨のサラダヤムウンセン風

タンパク質 19.4 g
カロリー 298 kcal
糖質 21.3 g

ヤムウンセンはタイでポピュラーな酸っぱい春雨サラダ。
鶏むね肉にレモンを加えると効果がパワーアップするうえ、さっぱり食べられます。

材料：2人前

自家製サラダチキン（P16）…150g
春雨…30g
赤玉ネギ（繊維にそって薄切り）…50g
ニンジン（繊維にそって細切り）…50g
セロリ（斜め薄切り）…50g
ニンニク（みじん切り）…10g（1片）
調味料
　ナンプラー…20g
　砂糖…小さじ1
　オリーブ油…大さじ2
　レモン果汁…1個分
　コショウ…適量
パクチー…適量

作り方

❶ 春雨は熱湯に3分間浸けて戻し、よく洗って水気をきっておきます。
❷ 野菜と春雨と手でさいたサラダチキンを混ぜ合わせます。ここに調味料を加えてよく混ぜて味をつけます。
❸ すぐに食べられます。2～3日間は日持ちしますが、その都度混ぜてから盛りつけてください。パクチーを添えて。

自家製サラダチキンと
マカロニのヨーグルトサラダ

レモンのフレッシュな酸味と、ヨーグルトのおだやかな酸味が特徴。つくりおきすると水分が分離してリコッタチーズのようにかたくなるので、よく混ぜて乳化させてから食べてください。

材料：2人前

自家製サラダチキン（P16）…150g
マカロニ（サラダ用）…100g
オリーブ油…大さじ2
ニンニク（すりおろし）…10g（1片）
ヨーグルト（無糖）…120g
レモン果汁…1個分
塩…小さじ½
黒コショウ…適量
ミントの葉…5本分

作り方

1. マカロニを熱湯でゆでて、水で洗って冷やします。オリーブ油をからめておきます。
2. サラダチキンを手でさいて、マカロニと合わせます。
3. その他の材料をすべて加えてよく混ぜます。

自家製サラダチキンのセビーチェ

タンパク質 25.8g　カロリー 377kcal　糖質 14.9g

ペルーやメキシコの名物、セビーチェは生の魚介を使うのが一般的ですが、
魚介のかわりにサラダチキンを。ライムの果汁をたっぷり搾って、さわやかなサラダに。

材料：2人前

自家製サラダチキン（P16）…150g
赤玉ネギ（繊維にそって薄切り）…1個分
赤パプリカ（縦にせん切り）…1個分
ミニトマト（1/4くし形切り）…5個分
ライム果汁（なければレモン果汁）…2個分
ナンプラー…大さじ1
砂糖…小さじ1
オリーブ油…大さじ4
パクチー（またはミント）…適量

作り方

1. サラダチキンを手で大きくさきます。
2. ボウルに赤玉ネギ、赤パプリカ、ミニトマトとサラダチキンを入れて混ぜます。
3. ここにライム果汁、ナンプラー、砂糖、オリーブ油を加えて味をつけたら出来上がり。アクセントにパクチーを飾って。

つくりたてもいいけれど、一～二晩おくともっと美味。

ベトナムフォー風
自家製サラダチキンの
具だくさんスープ

旨みがたっぷり入ったサラダチキンの煮汁をスープに利用。フォー（米麺）のかわりにサラダチキンを使って糖質を下げましたが、もちろん麺を入れてもOKです。好みでパクチーとライムをどうぞ。

材料：2人前

自家製サラダチキン（P16）…120g
モヤシ…100g
サラダチキンの煮汁…360cc
ニンニク（すりおろしorみじん切り）…小さじ1
ナンプラー…大さじ1
砂糖…小さじ1
黒コショウ…適量

作り方

1. サラダチキンの煮汁を鍋に入れて火にかけます。沸騰したらニンニク、ナンプラー、砂糖で味をつけます。
2. モヤシを入れて、再び沸騰したら細くさいたサラダチキンを入れます。すぐに火を止めて出来上がり。黒コショウをふります。

自家製サラダチキンの スクランブルエッグ カルボナーラ風

タンパク質 42.7 g

糖質 6.0 g

スクランブルエッグはトロリとしたソース状に仕上げます。
ついうっかりして卵に火が入りすぎてしまっても、
それはそれで美味。

材料：2人前

自家製サラダチキン（P16）…200g
玉ネギ（繊維を断って薄切り）…100g
卵…3個
パルメザンチーズ…40g
白ワイン…50cc
サラダチキンの煮汁…50cc
牛乳（または生クリーム）…50cc
塩…小さじ½
黒コショウ…たっぷり

作り方

❶ サラダチキンは大きめにさいておきます。
❷ ボウルに卵、パルメザンチーズ、サラダチキンの煮汁、牛乳、塩を入れてよく混ぜ、❶のサラダチキンを入れて混ぜます。
❸ 油をひかないフライパンに玉ネギと白ワインを入れて強火にかけます。
❹ 玉ネギがしんなりして水分がなくなったら❷のボウルに入れて混ぜます。
❺ ❹をフライパンに戻して中火にかけ、木ベラで混ぜながら火を入れます。とろりとしてきたら火を止めて、混ぜながら余熱で火を入れて器に盛ります。
❻ 上から黒コショウをたっぷり挽きかけてください。

自家製サラダチキンピラフ

タンパク質 16.1g　カロリー 407kcal　糖質 68.2g

野菜から出る水分を吸ってくれるので、米は洗わずに使います。
少し芯が残るくらいに炊いてください。
冷めてもおいしいのでお弁当にも向きます。

材料：4人前

自家製サラダチキン（P16）…180g
米…2合
サラダチキンの煮汁…400cc
玉ネギ（5mm角）…50g
ニンジン（5mm角）…50g
セロリ（5mm角）…50g
赤パプリカ（5mm角）…40g（¼個）
ミニトマト（くし形切り）…5個分
レーズン…大さじ1
ターメリック…小さじ½
バター*…20g
塩…8g
バジルの葉…適量
レモン…½個

*オリーブ油大さじ2で代用してもよい。

作り方

❶ サラダチキンは細めにさいておきます。
❷ 米は洗わずに炊飯器に入れます。サラダチキンとバジルとレモン以外の材料をすべて入れて炊飯モードで炊きます。
❸ 炊き上がったら❶のサラダチキンを入れて15分間蒸らしてください。
❹ 盛りつけて、ちぎったバジルとレモンを添えてどうぞ。レモンをたっぷり搾るとさわやかな味わいに。

自家製サラダチキンリゾット

レモン果汁を入れて煮ると
分離してしまうので、
食べるときにたっぷり搾って
加えてください。

タンパク質 17.7g
カロリー 375kcal
糖質 30.2g

材料：2人前

自家製サラダチキン（P16）…80g
冷たいご飯…120g
サラダチキンの煮汁…150cc
ミニトマト（¼くし形切り）…3個分
グリーンアスパラガス…2本
生クリーム…80cc
パルメザンチーズ…20g
レモン…½個
黒コショウ…適量

作り方

❶ サラダチキンを細くさきます。
❷ 冷たいご飯をフライパンに入れ、ミニトマト、2cmに切ったアスパラガス、サラダチキンの煮汁を入れて強火にかけます。
❸ ご飯がほぐれてミニトマトが煮くずれ、水分が煮詰まってご飯の顔が見えてきたら、生クリームと❶のサラダチキンを入れてさらに煮詰めます。
❹ 濃度がついてきたら、パルメザンチーズをしっかり混ぜ込んでください。
❺ 火を止めて盛りつけし、レモンを添えます。すりおろしたレモンの皮と黒コショウをふります。

column vol.2

鶏むね肉、いつ食べるべき？

筋肉には、赤い筋肉（遅筋）白い筋肉（速筋）があります。赤い筋肉は、酸素を取り込みながら、長時間の運動に対応できる持久型。白い筋肉は、無酸素状態で瞬発的に動く筋肉で、瞬発力を高めるにはより多くの筋肉が必要です。ムキムキの筋肉は白、スリムな筋肉が赤。短距離走とマラソンの選手の体型を比較すると分かりやすいですね。ちなみに、鶏もも肉は赤い筋肉、むね肉とささみは白い筋肉です。

筋肉を鍛えるというのは、運動負荷をかけて筋肉を傷つけては修復することの繰り返しです。繰り返すことで、前より強い筋肉をつくります。では、効率よく修復するには、どのように食べるとよいでしょう？

まず、運動前に空腹では体力が持ちません。エネルギーになる糖質が必要です。ただし、消化にかかる時間を考慮して、運動の2～3時間前にすませましょう。油脂が多い食材の消化はさらに時間がかかるため、控えたほうがよいでしょう。

筋肉の修復を担う成長ホルモンの分泌は、運動後30分以内、そして就寝後1～2時間（夜10時～深夜2時がゴールデンタイム）がピークです。エネルギーとタンパク質の補給は、運動後30分以内、1日3度の食事では夕食がより大切です。

効率のよい筋肉づくりも、日頃の食生活が基礎にあってのことです。以下のことも忘れずに。

①朝食をとる（1食欠けるだけで、栄養バランスは崩れやすい）
②よく噛んで食べる（顎が強くなると歯を食いしばり、力を発揮しやすい）
③カルシウムで骨を強くする（骨と筋肉をセットに考え、体幹を鍛える）

（山下圭子）

■カルシウムを多く含む食品

食品	量	カルシウム（mg）
小松菜	80g	232
牛乳	200ml	200
ししゃも	45g	158
ヨーグルト	100g	130
プロセスチーズ	20g	126
高野豆腐	20g	118
干しエビ	5g	115
ひじき（乾）	8g	112
煮干し	5g	110

*カルシウムの吸収率は、年齢や食べ合わせによって変わりますが、乳製品40%、小魚30%、野菜20%が目安です。

■BCAAを多く含む食品

食品	量	BCAA（mg）
鶏むね肉	70g	3,010
マグロ	70g	2,870
カツオ	70g	2,800
サケ	70g	2,730
豚もも肉	70g	2,660
鶏もも肉	70g	2,310
牛もも肉	70g	2,240
玄米ごはん	150g	1,890
白ごはん	150g	1,635
牛乳	200ml	1,360
プロセスチーズ	20g	1,020

*筋肉を作る材料として、BCAA（分岐鎖アミノ酸のバリン、ロイシン、イソロイシン）が最適です。

朝 → 運動前 → 運動後 → 夜

朝：朝ご飯を食べましょう。

運動前：2～3時間前に糖質を中心にエネルギー補給を。

運動後：30分以内に、消費したエネルギーと筋肉の素になるタンパク質を摂りましょう。BCAAが最適です。クエン酸を一緒に摂れば疲労回復アップ。

夜：ぐっすり眠る環境をつくりましょう。筋肉の修復を担う成長ホルモンの分泌は、22時～深夜2時がゴールデンタイム。

鶏しゃぶしゃぶ

鶏むね肉は、薄切りにすると早く火が通りますが、コーンスターチでコーティングするので、火の通しすぎでパサパサになる心配はありません。失敗なしの柔らかむね肉です!

冷蔵庫で保存すれば2日間はおいしく食べられます。おもに冷たい料理に活用します。

1 薄切りにしよう

皮をはいだら、厚さ5mmに切ります。

肉の繊維を断ち切りたいので、断面を広くするため、包丁を少しかたむけて、そぐようにして切るといいでしょう。

2

むね肉1枚をすべて厚さ5mmの薄切りにしました。

5 しゃぶしゃぶ!

たっぷりの湯をグラグラと沸かします。ここに1枚ずつむね肉を入れていきます。

最初に入れたむね肉と最後に入れたむね肉の時間差をつけたくないので、スピーディに入れましょう。

6

一旦温度が下がりますが、写真程度まで再び沸いたら、レードルでサッと混ぜて火を止めてください。

肉どうしがくっついていないか確認します。少々火を入れすぎても大丈夫!

沸いたらすぐに氷水で冷やす

材料

鶏むね肉…300g
コーンスターチ
(または片栗粉)…20g
塩…5g

3 コーティング

ボウルにむね肉を入れて、コーンスターチと塩を入れます。さっくりと手で混ぜます。

> まわりをコーティングするために、均等に粉類をまぶしてください。

4

こんな感じです。

7

穴あきお玉で湯をきって、氷水に入れて冷やします。冷めたらザルにとって水気をきります。

> これ以上火が入らないようにするためです。温かい料理として使うときは氷水にとる必要なし！ 熱いまま、次の工程に進みましょう。

8

キッチンペーパーを敷いた密封容器で保存します。2日間日持ちします。

鶏しゃぶと野菜のロメスコソース

タンパク質 10.2g　カロリー 314kcal　糖質 13.4g

鶏しゃぶしゃぶに手持ちの野菜をオリーブ油でソテーして添えました。
野菜はお好きなものでOKです。糖質が気になる方はジャガイモやニンジンは少なめに。
ディップ風のロメスコソースは密封すれば5日間は日持ちします。

材料：2人前

鶏しゃぶしゃぶ（P34）…60g
野菜（ゆでたジャガイモ、モロッコインゲン、マッシュルーム、ニンジン、赤パプリカ、ズッキーニ、シシトウ、ラディッシュなど）…好みで適量
黒コショウ…適量

ロメスコソース
- アーモンド（スライス）…50g
- 赤パプリカ…80g（½個）
- ニンニク…10g（1片）
- トマト…100g（1個）
- レモン果汁…1個分
- パプリカパウダー…小さじ1
- タバスコ…2〜3滴
- 黒コショウ…少量
- 塩…小さじ1
- オリーブ油…大さじ3

作り方

1. 鶏むね肉で鶏しゃぶしゃぶをつくっておきます。
2. 各種野菜は食べやすいように切り分け、オリーブ油をひいたフライパンに全部入れて一緒に焼きましょう。
3. ロメスコソースを準備します。すべての材料をミキサーにかけてペースト状にするだけです。

タバスコはなければ入れなくても大丈夫。

4. 鶏しゃぶしゃぶと野菜を盛り合わせ、黒コショウをふります。ロメスコソースをつけながら食べます。

鶏しゃぶのニース風ポン酢サラダ

アンチョビ、ジャガイモ、インゲン、ゆで玉子。
ニース風サラダの定番材料に、
鶏によく合うポン酢をかけて和風にアレンジ。
市販のポン酢に搾りたての
レモン果汁を加えるだけで、
さわやかな印象になります。

タンパク質 14.2 g
カロリー 169 kcal
糖質 17.7 g

材料：2人前

鶏しゃぶしゃぶ（P34）…60g
トマト（中玉・くし形切り）…1個分
ゆでたジャガイモ（くし形切り）…1個分
ゆでたモロッコインゲン…5本
ミックスベビーリーフ…適量
アンチョビ…3枚
ゆで玉子…1個
ポン酢レモン
　ポン酢…50cc
　レモン果汁…½個分

作り方

1. 鶏むね肉で鶏しゃぶしゃぶをつくっておきます。
2. ジャガイモとモロッコインゲンを下ゆでして食べやすく切ります。
3. 器にベビーリーフを敷いて、その上にトマト、ジャガイモ、モロッコインゲンを盛り、上に鶏しゃぶしゃぶをのせます。
4. ゆで玉子をザルで漉してふりかけ、アンチョビをちぎって散らしたら出来上がり。別にポン酢レモンを添えて、食べる直前にかけてください。

チキンクリームシチュー

タンパク質 29.1 g　カロリー 474 kcal

熱いうちに食べてください。
糖質を控えたい方は、ご飯がわりにゆでたカリフラワーやブロッコリーにかけてもいいでしょう。

材料：2人前（写真は1人前）

鶏むね肉（薄切り）…200g
コーンスターチ…小さじ1
塩、黒コショウ…各少量
玉ネギ（繊維を断って薄切り）…100g
マッシュルーム（薄切り）…8個分
白ワイン…100cc
生クリーム…80cc
サラダチキンの煮汁（水でも可）…100cc
ご飯…140g

作り方

❶ 鶏むね肉を鶏しゃぶしゃぶと同様に薄切りにしてボウルに入れ、塩少量とコーンスターチを加えてまぶします。

厚くせず、うっすらとつけてください。

❷ 玉ネギ、マッシュルーム、白ワインをフライパンに入れて強火にかけます。

❸ 水分が半分に煮詰まったら、サラダチキンの煮汁か水を入れて、さらに煮詰めます。

❹ 半分くらいまで煮詰まったら、❶の鶏むね肉を入れます。再度沸騰したら生クリームを加えます。

❺ コーンスターチが溶けて濃度がついてきたら、塩、黒コショウで味を調えて出来上がり。ご飯にかけてどうぞ。

チキンストロガノフ

カロリー
571
kcal

ビーフストロガノフのチキン版。鶏むね肉を具材とご飯の兼用にしました。
ご飯を添えてもいいし、ゆでたカリフラワーにかければ糖質を抑えられます。
つくりたてが美味しいのですが、冷蔵庫保存で3〜4日間は充分楽しめます。

材料：2人前

鶏むね肉（薄切り）…200g
コーンスターチ…小さじ1
塩、黒コショウ…各少量
玉ネギ（繊維を断って薄切り）…100g
マッシュルーム（薄切り）…8個分
赤ワイン…150cc
ウスターソース…50cc
トマトケチャップ…50cc
生クリーム…150cc

作り方

❶ 鶏むね肉を鶏しゃぶしゃぶと同様に薄切りにしてボウルに入れ、塩少量とコーンスターチを加えてまぶします。

厚くつけず、うっすらと。

❷ 玉ネギとマッシュルームを鍋に入れ、赤ワインを注いで強火で加熱します。

❸ ワインが半分まで煮詰まったらウスターソースとトマトケチャップを加えて混ぜてください。

❹ ここに生クリームと❶の鶏むね肉を1枚ずつ入れて、ゆっくりと火を通します。

❺ 濃度がついてきたら味をみて、塩と黒コショウで好みの味をつけます。

チキンのレモン煮

レモンのさわやかな香りと
酸味が持ち味です。
分離しやすいので
果汁は食べる直前に
たっぷり搾ってください。

タンパク質 28.5g　カロリー 409kcal　糖質 15.3g

材料：2人前

鶏むね肉（薄切り）…200g
コーンスターチ…小さじ1
塩…少量
玉ネギ（繊維を断って薄切り）…100g
セロリ（斜め薄切り）…50g
マッシュルーム（厚めにスライス）…6個分
ターメリックパウダー…小さじ½
おろしたレモンの表皮…½個分
白ワイン…100cc
生クリーム…100cc
砂糖…小さじ1
塩…小さじ1
黒コショウ…適量
レモン…½個

作り方

❶ 鶏むね肉を鶏しゃぶしゃぶと同様に薄切りにしてボウルに入れ、塩少量とコーンスターチを加えてまぶします。

コーンスターチは厚くせず、うっすらとつけましょう。

❷ 玉ネギ、セロリ、マッシュルーム、ターメリック、白ワイン、レモンの表皮をフライパンに入れて中火で加熱します。

❸ ゆっくり野菜に火を入れます。野菜に火が通ったら一旦火を止め、生クリーム、砂糖、❶の鶏むね肉を1枚ずつ入れて混ぜます。

❹ 再び火にかけて、濃度がついてむね肉に火が入ったら塩で味をつけて出来上がり。

❺ 盛りつけたら黒コショウをふり、レモンを添えます。たっぷりレモンを搾って食べてください。

column vol.3

レモンを搾ると効果アップってほんと?

イミダゾールジペプチドの疲労回復効果に加えて、レモンやグレープフルーツなどの柑橘類や酢、梅干しなどに含まれるクエン酸にも疲労回復効果があります。疲れたときに酸っぱいものを食べてスカッとした経験がありませんか? クエン酸は、エネルギー源であるグリコーゲンの分解を抑制します。また、運動後に糖質と一緒に摂ることでグリコーゲンの合成を促進し、乳酸の代謝を促進してエネルギーをつくり、疲労回復に効果的にはたらきます。

さらに、レモンに含まれるビタミンCには、抗酸化作用があります。これは肉体疲労だけでなく、精神疲労にも効果を発揮します。肉体疲労と精神疲労、どちらも過剰になるとストレスになり、体内に活性酸素を生じます。この活性酸素を取り除くのが、抗酸化作用です。イミダゾールジペプチドの抗酸化作用も同じです。

この抗酸化作用には、アンチエイジング(老化防止)効果もあります。ビタミンCの他、ビタミンA、Eにもその効果があります。彩りよく野菜を取り入れるとよいでしょう。青しそやパセリ、ハーブは、飾り野菜として使われますが、栄養価が高いので食べずに残すには、もったいない食材です。

また、タンパク質とビタミンCを一緒にとることで、コラーゲンがつくられることも見逃せません。

■抗酸化作用をもつ野菜・果物100g中の含有量

ビタミンC	(mg)
赤ピーマン	170
黄ピーマン	150
菜の花	130
キウイフルーツ(黄)	140
ブロッコリー	120
パセリ	120
レモン(全果)	100
カリフラワー	81
豆苗	79
柿	70
キウイフルーツ(緑)	69
いちご	62
ネーブルオレンジ	60
レモン汁	50
あしたば	41
じゃがいも	35

ビタミンA	(μg)
青しそ	880
にんじん	690
パセリ	620
バジル	520
あしたば	440
春菊	380
ほうれん草	350
豆苗	340
かぼちゃ	330
大根葉	330
にら	290
小松菜	260
つるむらさき	250
クレソン	230
かぶの葉	230
菜の花	220

ビタミンE	(μg)
アーモンド	30.3
モロヘイヤ	6.5
かぼちゃ	4.9
赤ピーマン	4.3
青しそ	3.9
バジル	3.5
豆苗	3.3
パセリ	3.3
菜の花	2.9
あしたば	2.6
黄ピーマン	2.4
ブロッコリー	2.4
ほうれん草	2.1
春菊	1.7
トマト	0.9
青ピーマン	0.8

ストレスによって活性酸素が生じると、脳が自律神経系、内分泌系、免疫系に働きかけ、活性酸素によってダメージを受けた身体を修復しようとします。このとき、エネルギーとタンパク質を消費するため、ストレス回復には、エネルギーとタンパク質の補給が必要で、ビタミンB群はその代謝を促進します。ご飯を食べると元気が出る、というのも納得です。

(山下圭子)

失敗しないチキンソテー

大きさ厚さを均一に

材料

鶏むね肉…300g（1枚）
塩…2g（2つまみ）
バター…10g
サラダ油…20cc
コショウ…少量
レモン…適量

皮をはいだ鶏むね肉（250g）を用意します。皮側を下に向けると、肉の繊維が2方向に分かれて通っているのがわかります。

切り分けよう

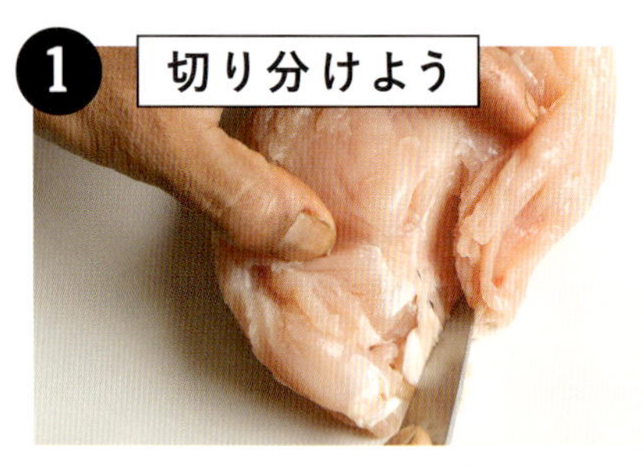

1 繊維の分かれ目にナイフを入れます。

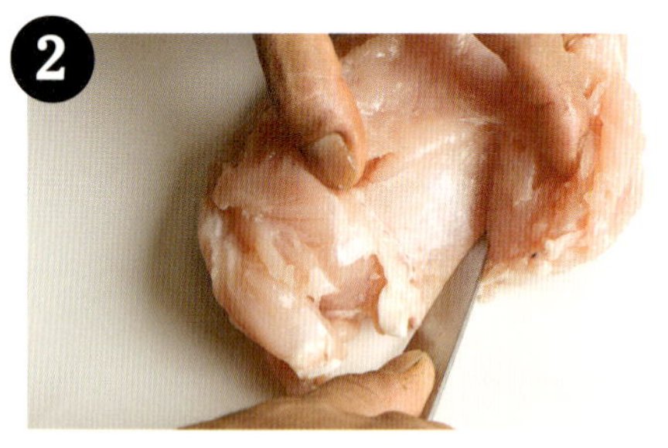

2 スジの入っている部分から小の肉を薄い膜にそってそぎ取ります。

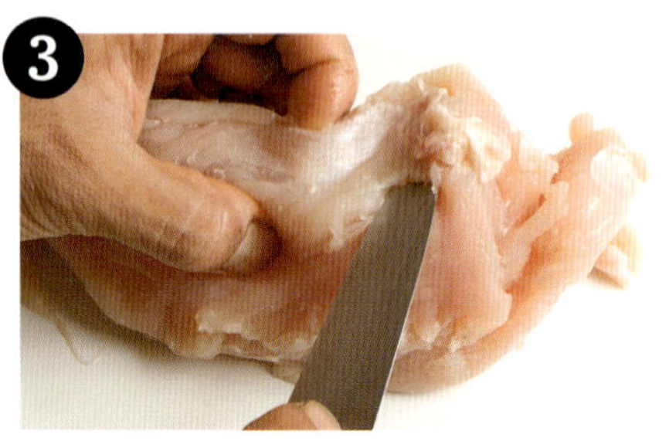

3 大小の肉の間の薄い膜をはずします。ナイフの刃を外側に向けて膜の端をはずします。

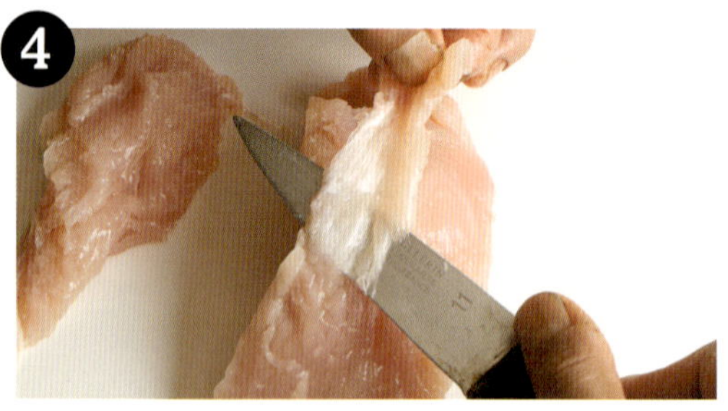

4 端を左手でつかんで、ナイフで薄膜をそぎ取ります。これを残すと加熱したときに反り返ってしまいます。

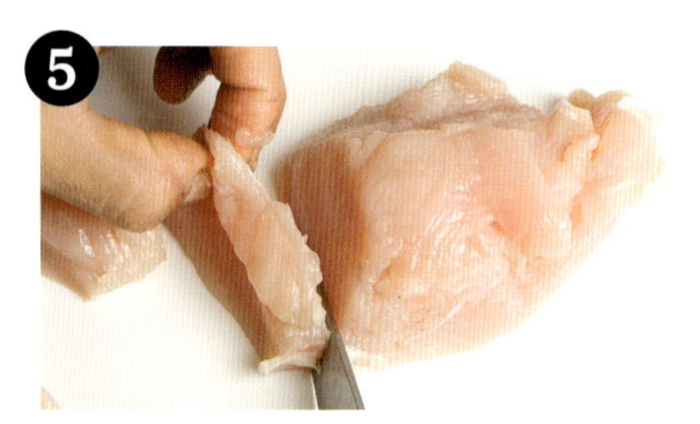

5 繊維の方向を確認し、繊維を断ち切るようにナイフを入れて、小の肉はだいたい⅓に切り分けます。大の肉も同じ要領で切り分けます。

6 なるべく厚さと大きさをそろえるように切り分けて、塩をふります。

むね肉を1枚そのままソテーするのは、シェフにとっても上級のワザです。大きさや厚さが一定ではないむね肉に、均一にちょうどよく火を入れることはとても難しいからです。でもそぎ切りにして厚さや大きさを一定にそろえれば、誰でも失敗なし！ 切り身が小さければ火の通りも早く、調理時間も短くてすみます。上手にソテーするには、フライパンに入れる油脂の量をケチらないことが大切です。

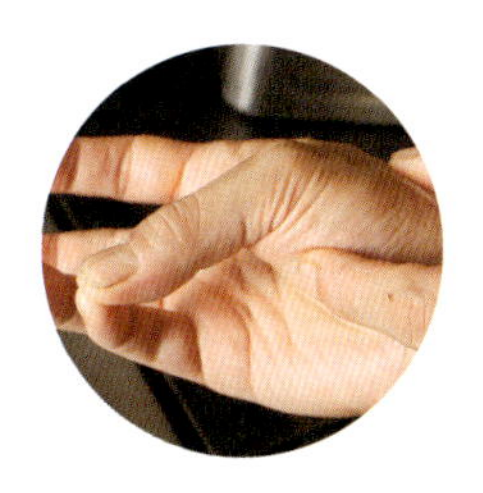

火入れ加減の目安は親指と小指をつけた状態の親指のつけ根の弾力が目安です。

フライパンにバターとサラダ油を入れて中火にかけて温めます。

溶けたらフライパンを一旦火からはずして肉を重ならないように並べます。

中火にかけてじっくり焼いてください。バターがこげない温度をキープするのがポイントです。

肉のまわりが白っぽくなったら裏返します。何度も裏返したほうが失敗しません。30秒焼いたら裏返すくらいのタイミングで。

むね肉を1枚焼くのに2分間ほどかかりました。

コショウはこげやすいので焼き上がってからふるといいでしょう。レモンを添えて。

ソースでソテーをアレンジ

チキンソテーをソースで変化をつけました。
どちらもそれぞれソテーをドレスアップする
おいしいソースです。

チキンソテーのレモンソース

タンパク質 23.7g　カロリー 280kcal　糖質 3.8g

チキンソテーはもちろん、野菜サラダにも相性よし。白身のお魚にも合う万能ソースです。
多めにつくって冷蔵庫で保存すると重宝しますよ。冷蔵庫で1週間は持ちます。

材料：2人前

チキンソテー…200g
レモンソース（つくりやすい分量）
　レモン…1個
　マスタード…大さじ2
　ハチミツ…大さじ1
　ニンニク…20g
　オリーブ油…大さじ4
　塩…小さじ1
　コショウ…適量

作り方

❶ レモンは洗剤で表面をよく洗ってしっかりすすぎます。

> 表皮を使うのでワックスをよく落としてください。

❷ 皮むきで黄色の表皮だけを薄くむいてミキサーに入れます。そのあと天地を落とし、白い綿状の皮を除きます。

❸ 果肉を房と種ごとミキサーに入れます。種の苦みもレモンの魅力と考えましょう。

> 種抜きは思いのほか面倒くさいしね。

❹ マスタード、ハチミツ、ニンニク、オリーブ油を入れてしっかりとつながってドロリとするまで回してください。

❺ 味をみながら塩を加え、コショウをふったら完成です。

タンパク質 24.8 g　カロリー 251 kcal　糖質 1.2 g

チキンソテーの
パセリ豆腐シーザードレッシング

肉だけでなく野菜や魚にも合います。濃度があるので、
野菜ならレタスなどの水分多めの野菜がベストマッチです。
マヨネーズ不使用のシーザードレッシングなのでとてもヘルシーですね。
バーニャカウダソースとしても使えます。

材料：2人前

チキンソテー…200g
シーザードレッシング（つくりやすい分量）

- パセリ…1つかみ
- 豆腐…200～300g（1丁）
- ニンニク…40g
- オリーブ油…大さじ4
- 酢…大さじ2
- パルメザンチーズ…大さじ2
- 塩…小さじ1
- 黒コショウ…適量

作り方

❶ パセリはよく洗って水気をきっておきます。すべての材料をミキサーに入れて回したら出来上がりです。

豆腐は木綿でも絹漉しでも構いません。木綿だと少しかためにに仕上がります。かたいときは水でのばしてください。

アヒージョ

タンパク質 20.0g　カロリー 354kcal　糖質 9.5g

チキンソテー用にカットしたむね肉で料理をもう一品。油で煮るアヒージョを紹介しましょう。
かなり高温になるので、くれぐれも火の通しすぎに気をつけてください。

材料：2人前

鶏むね肉…150g（½枚）
マッシュルーム（半割り）…4個分
ニンニク（薄切り）…1片分
ラー油…小さじ1
オリーブ油…大さじ4
白ワイン…大さじ2
塩…小さじ½
コショウ…少量
ミニトマト（¼くし形切り）…1個分
バジル…1本
バゲット…適量

作り方

❶ 鶏むね肉をチキンソテー用にカットします（P42）。
❷ 小鍋あるいはアヒージョ用鍋にオリーブ油、ニンニク、ラー油を入れて弱火にかけます。
❸ よい香りがたってきたら白ワインを注ぎ、マッシュルーム、ミニトマト、❶のむね肉を入れて、塩、コショウを加えて煮ます。
❹ 沸騰したら、そのまま2分間煮て火を止めてください。さらに2分間おいて余熱で火を入れます。
❺ バジルを飾り、バゲットの薄切りを添えてどうぞ。

column vol.4

効果的な疲労回復法

疲労回復のためには、代謝をよくすることがポイントになります。
①筋肉が増えると、基礎代謝がアップし、ダイエットにもなります。適度な運動は、気分転換にもなり、おすすめです。
②栄養素や老廃物は、血液やリンパの流れによって全身をめぐります。マッサージやストレッチ、入浴により、固まった筋肉をほぐして、血行をよくしましょう。
③良質な睡眠は、疲労回復を担う成長ホルモンの分泌を最大に導きます。精神的なストレスにも効果的です。
④肉体的疲労と精神的疲労は、脳を介して深く関わっています。ONとOFFを使い分け、自分の為のリラックスタイムをつくりましょう。
⑤代謝をよくするために一番大切なのが、栄養バランスです。栄養素が適材適所で機能するように、食べ物の選び方に気を配りましょう。

大切な栄養バランス

わたしたちの身体は、食べたものを材料に代謝を繰り返していますが、三大栄養素の理想的なバランスは図の通りです。日本型食事（和食）がこの割合にあたります。

■PFCバランス（三大栄養素のバランス）

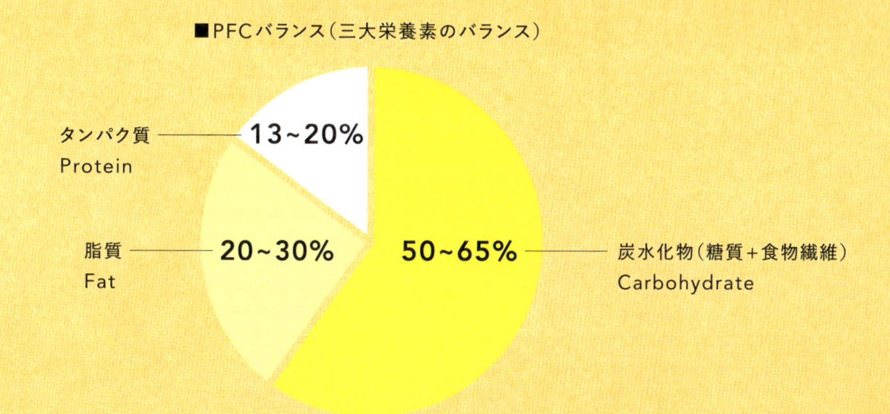

『食事摂取基準（2015年版）』より

これをわかりやすく表現すると、一般的な日常生活では、主食がお茶碗1杯×1日3回、肉魚卵：野菜=1：2、揚げ物料理は3日に1回が目安です。

糖質はエネルギーとなり、タンパク質は身体をつくります。ビタミン・ミネラルはその潤滑油です。糖質が不足するとタンパク質を分解してエネルギーをつくるため、せっかくのタンパク質が本来の役割を果たせません。効率よく代謝するには、栄養バランスが大切です。このバランスを基に筋肉を強化する、エネルギーを蓄えるなど、それぞれの目的に合わせてコントロールしましょう。

（山下圭子）

マリネで味つけ

柔らかマリネは前日に

鶏むね肉はマリネすると柔らかくなるし、おいしい味もしみてきます。浸けておけば、あとは揚げるか180℃のオーブンで15分間焼くだけの料理を紹介します。

このときのマリナードの材料が味の決め手です。一晩おくと最高！ 急いでいるときでも、せめて1時間おいてください。

唐揚げ ➤ P49

誰もが大好きな醤油ベースの味のマリナード。鶏むね肉のタンパク質は、ショウガのもつ分解酵素で柔らかくなります。鶏むね肉は、なるべく大きさと厚さをそろえて切り分けてください。お弁当にぴったり。

BBQチキン ➤ P51

トマトケチャップをベースにした食べやすい味のマリナード。ハチミツを入れてケチャップの甘みを少し強めました。甘いので、フレンチマスタードを加えて味にアクセントをつけてみました。

タンドリーチキン ➤ P52

カレー味のスパイシーチキン。マリナードには黒コショウをたっぷりと加えてください。タンパク質分解酵素を含むヨーグルトを加えたので、マリネすると鶏むね肉が柔らかくなります。一度食べたらやみつきになる味です。

フライドチキン ➤ P54

鶏むね肉をヨーグルトでマリネした柔らかいフライドチキン。子どもからお年寄りまで美味しく食べていただけます。マリナードから取り出して、粉末状のミックスハーブと小麦粉をまぶしてから、カラリと揚げましょう。

唐揚げ

カロリー
365
kcal

むね肉においしそうな色がつけばOK。
片栗粉を使って揚げるとくっつきやすいので、箸でときおり裏返して様子をみてあげてください。

材料：2人前

鶏むね肉…250g（1枚）
浸け汁
　醤油…50cc
　味醂…50cc
　ショウガの絞り汁…ショウガ30g分
片栗粉…大さじ3
揚げ油…適量
レモン…½個

作り方

❶ 鶏むね肉をチキンソテー用に切りそろえます（P42）。なるべく大きさをそろえてください。

❷ ❶の鶏むね肉を1時間以上浸け汁に浸けてください。一晩おけば、なおよしです。

❸ 浸け汁から取り出して、片栗粉を肉にからませ、180℃に熱した揚げ油で揚げます。

> 肉同士がくっつかないよう、ときおり箸で裏返します。

❹ 肉のまわりがこんがりおいしそうに色づいたら、取り出して油をきります。

❺ 添えたレモンをたっぷり搾ってください。

モロッコ風ブロシェット

スパイスが決め手です。
足りない種類があってもいいですが、
クミンだけははずせません。
野菜はお好きなものを選んでください。

タンパク質 60.2g　カロリー 321kcal　糖質 5.7g

材料：2人前

鶏むね肉…250g（1枚）×2枚
マリナード*
　クミンパウダー
　パプリカパウダー
　コリアンダーパウダー
　シナモンパウダー
　ガーリックパウダー
　オニオンパウダー
　パセリパウダー
　黒コショウ
　塩
赤・黄パプリカ（くし形切り）
ズッキーニ（輪切り）
マッシュルーム
レモン（くし形切り）

*マリナードの材料は各小さじ½ずつ混ぜ合わせます。

作り方

1. 鶏むね肉を親指大に切り分けます。
2. むね肉を密封容器に入れて、マリナードの材料を入れてもみ、最低1時間、できれば一晩おいてください。
3. マリネしたむね肉は洗ったりせず、そのまま野菜とともに串に刺していきます。
4. 180℃に熱したオーブンで15分間焼けば出来上がり。レモンを添えて。

BBQチキン

タンパク質 29.6 g　カロリー 192 kcal

マリネしたむね肉をオーブンで焼くだけです。
ケチャップやハチミツを使って食べやすくしているので、子どもも大好き。

材料：2人前

鶏むね肉…250g（1枚）
マリナード
　トマトケチャップ…120g
　ハチミツ…60g
　酢…50cc
　フレンチマスタード…大さじ1
　ガーリックパウダー…小さじ½
　オニオンパウダー…小さじ1
　塩…小さじ½
　コショウ…少量

作り方

❶ 鶏むね肉をチキンソテー用にカットして（P42）、密封容器に入れます。
❷ マリナードの材料をすべて合わせて❶の容器に入れて混ぜ、一晩冷蔵庫で味をしみ込ませます。
❸ 翌日オーブンの天板にオーブンシートを敷いて、❷のむね肉の汁気を軽くきり、重ならないように並べます。
❹ 180℃に熱したオーブンで15分間加熱して取り出します。

タンドリーチキン

タンパク質 30.0g　カロリー 218kcal　糖質 5.9g

カレー粉でマリネしたタンドリーチキンは、暑い夏にぴったり。
マリナードの材料をそろえるのが大変ですが、その価値ありの一品です。

材料：2人前

鶏むね肉…250g（1枚）
マリナード
　おろしニンニク…20g
　おろしショウガ…20g
　トマトケチャップ…大さじ2
　オリーブ油…大さじ2
　カレー粉…大さじ1
　ヨーグルト（無糖）…大さじ3
　ハチミツ…大さじ1
　塩…小さじ½
　黒コショウ…適量
赤チコリ…2枚
レモン…¼個

作り方

❶ 鶏むね肉をチキンソテー用にカットし（P42）、密封容器に移します。

❷ マリナードのすべての材料を合わせてよく混ぜ、❶のむね肉にもみ込みます。密封して一晩冷蔵庫に。

急いでいるときでも最低1時間はおいてくださいね。

❸ 天板にオーブンシートを敷いて、❷のむね肉を重ならないように並べてください。

❹ 180℃に熱したオーブンで15分間焼いて出来上がり。赤チコリとレモンを添えて、黒コショウ（分量外）をふります。

チキンサテ

混ざりにくいマリナードは、ミキサーやフードプロセッサーを利用すると簡単です。

材料：2人前

鶏むね肉…250g（1枚）×2枚
マリナード
　ピーナッツバター（無糖）…大さじ2
　砂糖…大さじ2
　醤油…50cc
　白ワイン（または酒）…大さじ2
　一味唐辛子…少量
胡麻油…大さじ½
玉ネギ…¼個
ニンニク…1片
ショウガ…15g

作り方

❶ 鶏むね肉は薄切りにします（P34）。マリナードの材料をすべてミキサーにかけてなめらかにします。
❷ ❶のむね肉を密封容器に入れて、マリナードをからめて一晩冷蔵庫においてください。

最低でも1時間はマリネして！

❸ 取り出して串に刺します。
❹ 180℃に熱したオーブンで15分間焼いたら出来上がり。

フライドチキン

タンパク質 31.7g　カロリー 274kcal

鶏むね肉をヨーグルトに浸けると、とても柔らかくなります。唐揚げよりも、クリスピーでサクサクです。

材料：2人前

鶏むね肉…250g（1枚）
マリナード
　ヨーグルト（無糖）…200g
　塩…小さじ1
ミックススパイス*1
　（パプリカ、オニオン、
　ガーリック、黒コショウ、
　エルブドプロヴァンス）
中力粉*2…適量
揚げ油…適量
レモン…1切れ

*1 すべてパウダー状のものを使用。各小さじ1ずつ合わせてよく混ぜておきましょう。エルブドプロヴァンスがないときは、タイムで代用してください。
*2 もしなければ、強力粉と薄力粉を同量ずつ混ぜ合わせて代用してもいいでしょう。

作り方

1. 鶏むね肉をチキンソテー用にカットし（P42）、密封容器に入れます。
2. ここにヨーグルトと塩を加えてよく混ぜ、冷蔵庫で一晩おきます。
3. 翌日取り出して軽く水気をきったら、ボウルに入れてミックススパイスをまぶします。
4. ここに中力粉を加えて混ぜ、10分間おいてしっとりさせます。
5. 180℃の油で1個につき2分間ほどかけて揚げます。キツネ色になったら取り出して油をきってください。レモンを添えて。

いつまでも活動的にすごすために

「健康寿命」とは、2000年にWHO（世界保健機関）が提唱した言葉で、健康上の問題で日常生活が制限されることなく生活できる期間を指します。この健康寿命と平均寿命の差を縮めることが、いつまでも元気にすごすための鍵を握るでしょう。

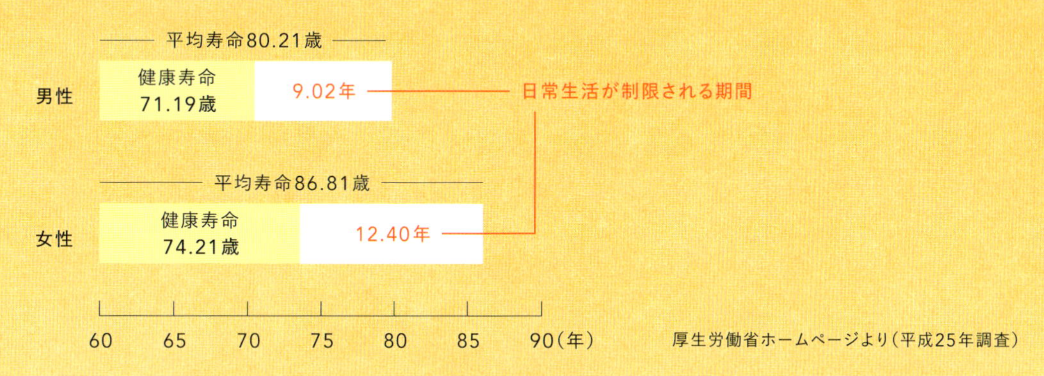

そのためには、ストレスと上手につきあい、体幹を鍛えて、体力をつけること。体幹とは、身体を支える基盤となる骨と筋肉です。背筋をのばして姿勢よくすごすのも一つの方法です。何もしなければ筋肉は40歳から衰え始めますが、鍛えると90歳でも筋肉は増えます。いつから始めても効果があるということです。

筋力低下影響は、下半身が顕著。高齢になると歩く速度が遅くなるのもこのためです。ただ歩くだけでは筋肉量は増えません。太ももの筋肉を意識して、かかと上げやひざ伸ばし、もも上げなどのトレーニングが有効です。

「寿命」と聞くと、ずいぶん遠い話のようですが、「今の自分」が「未来の自分」を支えていますから、自分自身を省みる機会を大切にしたいものです。

（山下圭子）

絶品チキンカツ

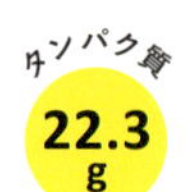
タンパク質
22.3
g

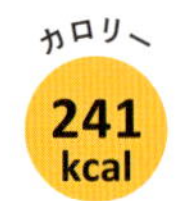
カロリー
241
kcal

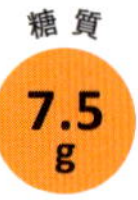
糖質
7.5
g

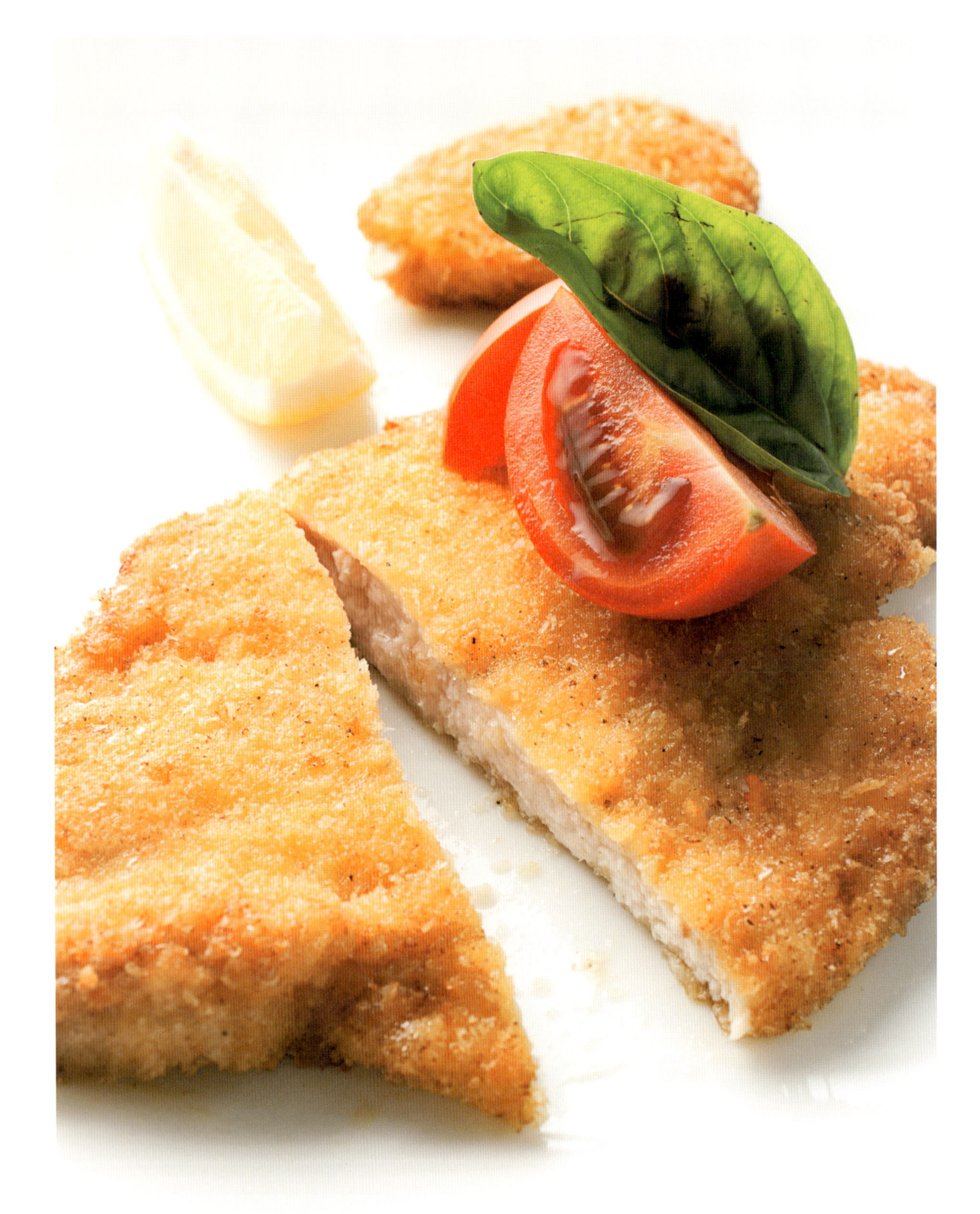

薄く叩く

家庭で上手につくるコツは、鶏むね肉を薄く叩くこと。厚いままで焼くと火の通り加減が心配で、つい火を入れすぎてパサパサになってしまうからです。

バターがこげない温度をキープして、フライパンをゆらしながら均等に火を入れます。縁だけこげないように注意しましょう。

材料：1人前

鶏むね肉…80g
強力粉…適量
衣
　溶き卵…1個分
　塩…3g
　コショウ…適量
　パルメザンチーズ…大さじ1
ドライパン粉*…適量
バター…30g
オリーブ油…30cc
トマト(中玉・くし形切り)…¼個分
バジルの葉…1枚
レモン…⅛個

*ビニール袋にドライパン粉を入れて麺棒で叩いて細かく砕きます。フードプロセッサーにかけてもいいです。

鶏むね肉(皮をはいだもの)。チキンソテーと同じ要領で(P42)、大小の肉を切り分けて、間の薄膜を取り除いておきます。これを残すと肉が縮む原因となります。

作り方

❶ 
むね肉は繊維を断つように、1枚80gのそぎ切りにします。

❷ 
ラップフィルムではさんで麺棒で中心から外側に向かって軽く叩いて厚さ3mmにのばしていきます。

❸ 
強力粉をまぶして、余分な粉をはらいます。

塩はここではふりません。肉から水分が出て衣がはがれやすくなるからです。

❹ 
溶き卵に塩、コショウ、パルメザンチーズを加えて味をつけ❸のむね肉をくぐらせます。

❺ 
ドライパン粉をしっかりまぶします。

❻ フライパンにバターとオリーブ油を入れて中火にかけます。バターが溶けたら❺のむね肉を入れます。

ゆらしながら均等に火を入れます。

❼ ときおり焼き面の色を確認。こんがりキツネ色がついたら裏返します。

❽ 裏側にも焼き色がついたら取り出して油をきります。トマト、バジル、レモンを添えて。

ささみを使って

フォークでスジを抜こう

ささみは鶏むね肉の内側についている細長くて柔らかい部分です。過度の加熱はダメですが、比較的難度は低く、楽に柔らかく仕上がります。

ポイントはスジ抜き。もちろんついたままでもいいんですけど、つけたまま加熱すると、スジが縮んでかたくなってしまいます。ここで紹介する料理はすべてスジを抜いてあります。

包丁でスジを引き抜くのは、案外高度なテクなので、ここでは誰にでも簡単にできるスジ抜きの方法を教えます。

ささみのスジを簡単に抜く方法

1

まずフォークでスジの端をはさみます。

2

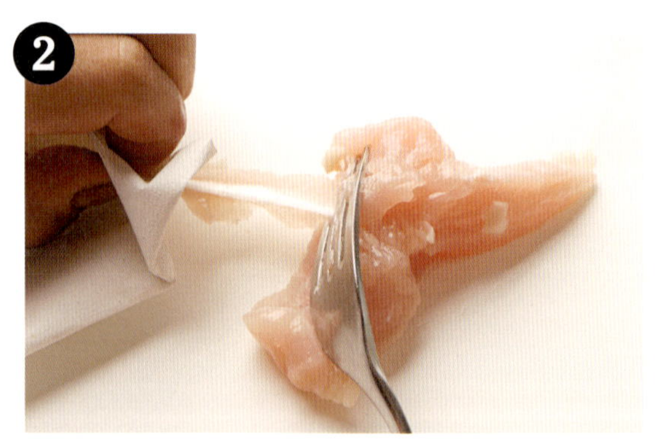

ペーパータオルかぬれた布巾でスジの端をしっかりつかんで、フォークでしごくようにして引っ張ると…。

3

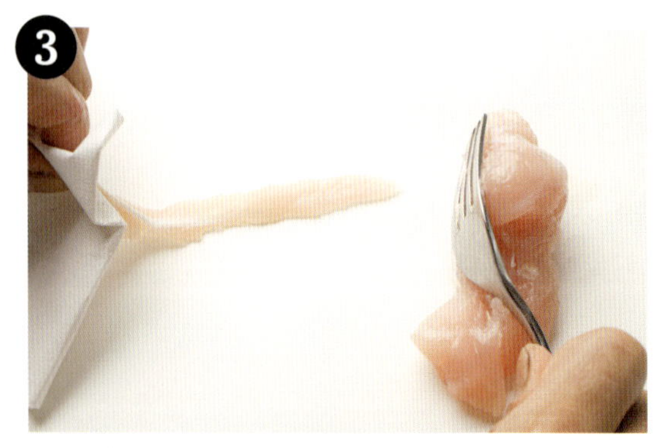

ほら、簡単にスジが抜けました。多少スジに肉がついていても気にしない！

ささみの料理

ささみチリソース炒め

タンパク質 22.4g　カロリー 227kcal　糖質 13.1g

エビチリのささみバージョンです。辛さはお好みで調節してください。

材料：2人前

鶏ささみ…180g（3本）
片栗粉…小さじ1
塩…1つまみ
豆板醤…小さじ1
トマトケチャップ…60g
サラダチキンの煮汁（なければ水）…200cc
長ネギ（みじん切り）…60g
ショウガ（みじん切り）…20g
ニンニク（みじん切り）…小さじ1
砂糖…小さじ1
酒…大さじ4
醤油…大さじ1
サラダ油…大さじ1

作り方

1. 鶏ささみは一口大に切ってボウルに入れ、塩を加えて混ぜ、片栗粉を加えてまんべんなく混ぜます。
2. フライパンにサラダ油を入れて熱し、ニンニク、長ネギ、ショウガを入れてこげないようにじっくり炒めます。
3. 香りが出たら豆板醤を入れてこがさないように軽く炒め、ケチャップ、サラダチキンの煮汁、砂糖、酒、醤油を入れます。
4. 沸騰したらささみを入れて再沸騰させます。
5. 濃度がつくまで軽く煮て味を確かめます。

ささみピカタ

タンパク質 30.9g　カロリー 372kcal　糖質 7.1g

トマトケチャップの糖分が気になる…。
というストイックな方はレモンをギュッと搾りましょう。

材料：2人前

鶏ささみ…120〜180g（2〜3本）
強力粉…適量
パルメザンチーズ…大さじ2
パン粉…大さじ3
卵…2個
サラダ油…大さじ1
バター…20g
塩、コショウ…各適量
トマトケチャップ…お好みで

作り方

❶ 鶏ささみはスジを抜きます。切らずにそのまま使います。
❷ 卵を溶いてパルメザンチーズとパン粉を入れて混ぜます。ドロリとした状態が理想です。

> パン粉は細かくても粗くても、どちらでも。細かいパン粉なら、もう少し量が必要かもしれません。

❸ ささみには塩、コショウせずに強力粉をまぶします。

> 塩をふると、ささみから水分が出てきて、衣がはがれやすくなります。

❹ 次に❷の衣をつけます。
❺ フライパンにサラダ油とバターを溶かし、衣をつけたささみを焼きます。

> 衣はこげやすいので、弱火でじっくりと焼きましょう。

❻ キツネ色に色づいたら裏返して同様に焼きます。焼き上がるころには、ささみにしっとりと火が入っています。
❼ キッチンペーパーなどで余分な油を吸い取って、塩、コショウをふります。
❽ 皿に盛ってお好みでケチャップなどを添えてください。

ささみのコーンクリーム煮

カロリー
336
kcal

ささみはむね肉よりも早く火が通ります。上手く火を入れれば、かなり柔らかく仕上がります。

材料：2人前

鶏ささみ…180g（3本）
玉ネギ（みじん切り）…100g（¼個）
バター…20g
スイートコーン粒状（缶詰）…150g
サラダチキンの煮汁（なければ水）…180cc
牛乳…180cc
片栗粉…小さじ1
塩、コショウ…各適量

作り方

❶ 鶏ささみは一口大に切ります。ボウルに移し、塩1つまみを加え、片栗粉を入れてまんべんなく混ぜます。

❷ フライパンにバターを入れて溶かし、玉ネギを入れて炒めます。

❸ すき通ってきたらスイートコーンを汁ごと入れます。沸騰したらサラダチキンの煮汁と牛乳を入れます。再沸騰したら❶のささみを入れます。

> くっつきやすいので、1つずつ入れてください。

❹ 再び沸騰すると同時に濃度がついてきます。塩、コショウで味をつけて弱火で1分間ほど煮込めば完成です。

酢鶏

タンパク質 23.5g　カロリー 269kcal

味つけの合せ調味料はあらかじめ合わせておいてもかまいません。そのほうが手早くできるでしょう。

材料：2人前

鶏ささみ…180g（3本）
塩…1つまみ
片栗粉…小さじ1
玉ネギ（1cmのくし形切り）…200g（½個）
ピーマン（乱切り）…2個分
合せ調味料
　黒酢（なければ米酢）…40cc
　トマトケチャップ…30g
　砂糖…小さじ1
　醤油…20g
　酒…大さじ2
　サラダチキンの煮汁（なければ水）…180cc
　水…180cc
長ネギ（みじん切り）…30g
ショウガ（みじん切り）…20g
サラダ油…大さじ1

作り方

1. 鶏ささみは一口大に切ってボウルに入れ、塩をふって片栗粉をまぶします。
2. フライパンにサラダ油をひいて弱火にかけ、長ネギとショウガをじっくり炒めます。
3. 中火にして玉ネギとピーマンを入れて軽く炒め、合せ調味料を一気に加えます。
4. 沸騰したらささみを入れて、強火で煮ていきます。煮詰まって濃度がついてきたら完成です。
5. 味を確かめてお皿に盛りつけましょう。

ささみグリーンカレー

カロリー
500
kcal

★ご飯なしの計算

そのまま食べてもいいですが、その場合は辛さを控えめに！
糖質を制限されている方は、定番のブロッコリーやカリフラワーをご飯がわりにどうぞ。

材料：2人前

鶏ささみ…180g（3本）
片栗粉…適宜
塩…1つまみ
グリーンカレーペースト…50g
ココナッツミルク…400g
ピーマン（一口大）…3個分
ナス（一口大）…1本分
バジル…1パック
サラダ油…大さじ1

作り方

❶ 鶏ささみは一口大に切ります。塩をふって片栗粉をまぶします。
❷ サラダ油を鍋にひいて熱し、ピーマン、ナスを炒めます。少ししんなりとしてきたら、ココナッツミルクとグリーンカレーペーストを投入。

僕は辛いのが苦手なので、カレーペーストは半分くらいが好みで、ハチミツで甘さをプラス。ここは味を見ながらカレーペーストを入れたほうがいいでしょう。

❸ 一旦沸騰したら、バジルをちぎって入れ、片栗粉をまぶした鶏ささみを入れます。
❹ もう一度沸騰すると、ほどよく火が入ります。ご飯やナンを添えて。

ささみの生姜焼き

キャベツのせん切りや
ポテトサラダを添えるといいでしょう。

材料：2人前

鶏ささみ…240g（4本）
おろしショウガ…20g
醤油…大さじ2
味醂…80cc
玉ネギ（薄切り）…150g（1個）
サラダ油…大さじ1

作り方

❶ ビニール袋にスジを抜いて一口大に切ったささみ、おろしショウガ、醤油、味醂、玉ネギをすべて入れて空気を抜いて密閉し、手でもみます。

> 15分ほどおくと味がなじみますよ。時間がなければすぐに次の工程に進んでもかまいません。

❷ フライパンにサラダ油をひいて熱し、袋の中身を調味料ごとすべて入れます。

> 液体が入るので、油がはねます。注意してくださいね。

❸ お箸などでザッとかき回し、強火で煮詰めながら火を通します。

❹ 水分が煮詰まって、鶏肉が白くなれば完成です。味をみて少し塩気が強ければ、好みで砂糖を足してください。

ささみの酸辣湯

もっと辛いのがお好みなら、
上からさらにラー油をたらしてもいいでしょう。

材料：2人前

鶏ささみ…120g（2本）
塩…小さじ½
片栗粉…適量
モヤシ…½パック
長ネギ（白い部分のみじん切り）…60g
サラダチキンの煮汁（なければ水）…360cc
ラー油…3滴
酢（あれば黒酢）…大さじ2
卵…1個
塩、コショウ…各適量

作り方

1. 鶏ささみは一口大に切るか、手でちぎります。軽く塩をして片栗粉をまぶしておきます。
2. サラダチキンの煮汁を沸騰させて長ネギ、モヤシ、ラー油、酢を入れます。
3. もう一度沸騰したらささみを入れて混ぜ、30秒間沸かします。
4. 火を止めて、卵を軽くほぐしながら加えて混ぜます。

スープが白く見えるのは、肉にまぶした片栗粉で少し濃度がついて卵が全体にきれいに散っているからです。

5. 味をみて必要なら塩、コショウをおぎなってください。丼に盛ります。

挽肉でふわふわ鶏つくね

フードプロセッサーでねばり出す

鶏むねの挽肉は、モモの挽肉よりも脂が少ないので、加熱するとかたく締まりがちですが、豚肉などと比べると水分とタンパク質が多いので、フードプロセッサーにかけると、肉の繊維がさらに細かくなってねばりが出て、ふんわり柔らかく仕上がります。

手で練る必要はありません。ほんの一手間かけるだけです！

❶ フードプロセッサーにかける

フードプロセッサーでよく回してさらになめらかに。

❷

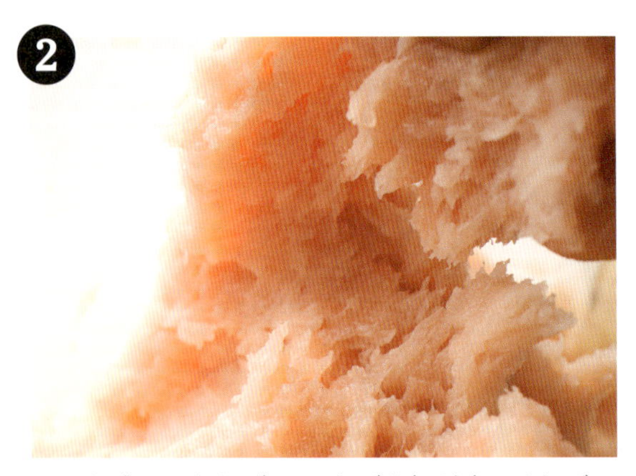

こんな感じになればOK。ねばり気が出てくればいいでしょう。

鶏つくね

ハンバーグのような鶏つくね。
ふわふわで柔らかいので卵黄とよくなじみます。
アクセントに一味唐辛子をかけると味がぐっとしまります。

タンパク質 27.4g　カロリー 309kcal　糖質 12.9g

★1個分の計算

材料：3個分

つくねの種
　鶏むね挽肉…300g
　ショウガ…15g
　酒…大さじ1
　塩…小さじ1
醤油…80cc
味醂…120cc
サラダ油…大さじ2
卵黄…3個
一味唐辛子…適宜

作り方

❶ つくねの種をつくります。フードプロセッサーにショウガを入れて細かくなるまで回したあと、鶏挽肉と酒、塩を入れて粘りが出るまで回します。

❷ 種を取り出して真ん中をくぼませて楕円形に丸めます。熱したフライパンにサラダ油をひいて、両面に焼き色をつけます。

> この段階では、まだ中まで火を入れなくてかまいません。

❸ きれいな焼き色がついたら醤油と味醂を一度に加えます。

❹ 煮詰めつつ、煮汁をつくねにスプーンでかけながら煮込んでいきます。

❺ 煮汁が半分くらいまで煮詰まって濃度が出てくれば完成です。

> このころにはつくねの中心まで火が入っていますよ。

❻ 器に盛りつけ、❺のタレの味を確かめて上からかけ、つくねのくぼんだ部分に卵黄をのせて出来上がり。一味唐辛子をふります。

鶏ミンチの水餃子 ココナッツのタレ

タレを吸い込んだココナッツを水餃子にのせると最高です。
もう止まりません！
このタレ、ゆでた鶏しゃぶしゃぶにも合います。
もちろん焼き餃子にもOK。
多めにつくっておくと、いろいろと使えてしまう罪なタレです。
（1ヵ月間保存可）。

餃子の中はこんな感じです。

材料：2人前

つくねの種（P69）…200g
ニラ（みじん切り）…3本分
餃子の皮…8～10枚
ココナッツのタレ
　ココナッツファイン…大さじ1
　ラー油…小さじ1
　XO醤…大さじ1
　ショウガ（搾り汁）…小さじ1
　ニンニク（みじん切り）…小さじ½
　酢…小さじ1
　砂糖…小さじ1
　醤油…小さじ1
　胡麻油…小さじ1

作り方

❶ つくねの種にニラを入れてよく混ぜます。
❷ 餃子の皮に❶の餡を詰めてしっかりと閉じます。
❸ ココナッツのタレの材料をすべて混ぜ合わせます。
❹ ❷の餃子を沸騰した湯で2分ほどゆでて水気をきって完成です。タレを添えてどうぞ。

ふわりと浮いてきたらそろそろゆで加減OKですよ。

鶏つくねのピーマン肉詰め
チーズ焼き

カロリー
237
kcal

★4個分の計算

ビニール袋を利用して、片栗粉をピーマン全体にまぶすと、肉がはがれにくくなってシワも寄りません。チーズがおいしそうに焼けたころには中まで火が通っています。

材料：4個分

つくねの種（P69）…100g
ピーマン…2個
シュレッドチーズ…適量
片栗粉…小さじ1
サラダ油…小さじ1

作り方

❶ ピーマンは半分に切って種を除いて片栗粉をまぶします。

ビニール袋に入れて片栗粉といっしょにフリフリすると簡単。

❷ ❶につくねの種を詰めます。
❸ 熱したフライパンにサラダ油をひき、肉側を焼いて、おいしそうな焼き色をつけます。
❹ ❸を耐熱皿に並べ、肉の上にシュレッドチーズをのせて180℃のオーブンで10分間ほど焼けば完成です。

鶏つくねタジン

野菜から出た水分で味が薄いと感じたら塩を加えてください。
お皿に豪快に盛りつけ、クスクスを添えます。バジルやミントを添えるとオシャレ。

材料：2人前

つくねの種（P69）…200g
玉ネギ（みじん切り）…200g（½個）
ニンニク（みじん切り）…小さじ1
トマト（中玉・ざく切り）…2個分
ズッキーニ…1本
ナス…1本
レーズンなどのドライフルーツ…大さじ1
白ワイン…80cc
クミンパウダー、コリアンダーパウダー、チリパウダー、塩…各小さじ1
クスクス*…50g
オリーブ油…大さじ1
バジルの葉…1本分

* 同量の熱湯を加えて蓋をして蒸すと100gになります（2人前）。クスクスはセモリナ小麦でつくる粒状のパスタのようなものです。

作り方

❶ 厚手の鍋にオリーブ油とニンニクを入れて弱火にかけ、香りが出たら玉ネギを入れてじっくりと炒めます。
❷ 玉ネギがすき通ったら、トマトと白ワインを入れて、水分が出るようにつぶしながら煮ます。
❸ 充分水分が出たら、大きめに切ったズッキーニとナスとレーズンを入れます。
❹ 沸騰したらスパイスと塩を入れてざっくり混ぜ、蓋をして5分間ほど弱火で煮込みます。
❺ 丸めたつくねの種を鍋に入れて蓋をして、さらに5分間煮込めば完成です。

もし野菜から出た水分で味が薄くなったら塩を加えてください。

❻ 器に豪快に盛りつけます。クスクスを添えて出来上がり。バジルを飾って。

鶏ドライカレー

タンパク質 33.9 g　カロリー 538 kcal　糖質 47.0 g

我が家の人気メニューを紹介します。
ピリッとスパイシーだけど甘みがあって好評です。
多めにつくって小分けで冷凍しておきます。
トレーニングあとにレンジでチンしてご飯にのせるだけで
バクバクいける手軽さが魅力です。

挽肉料理

材料：2人前（写真は1人前）

鶏むね挽肉…200g
ミックスビーンズ（水煮）…120g
玉ネギ（みじん切り）…200g（½個）
ショウガ（みじん切り）…小さじ1
ニンニク（みじん切り）…小さじ1
カレー粉、クミンパウダー…各小さじ1
ハチミツ…大さじ1
バター…20g
塩、コショウ…各少量
サラダチキンの煮汁（なければ水）…50cc
サラダ油…大さじ1
ご飯…140g

作り方

1. フライパンにサラダ油とニンニク、ショウガを入れて火にかけます。弱火で炒めて香りを出します。
2. 玉ネギを入れてしんなりするまで炒め、鶏挽肉を入れてほぐしながら炒めていきます。
3. 肉が白っぽくなってほぐれたら、水気をきったミックスビーンズ、カレー粉、ハチミツ、バター、クミン、塩、コショウ、サラダチキンの煮汁を入れて水分を飛ばしながら炒めます。
4. 味を確認して完成です。ご飯にのせてどうぞ。

鶏ミンチ、ゆずこしょう、焼きネギのパスタ

醤油味ベースの和風パスタ。
辛いのがお好みなら、
食べながらゆずコショウを足すといいでしょう。

材料：2人前（写真は1人前）

鶏むね挽肉…100g
ニンニク（みじん切り）…小さじ1
オリーブ油…大さじ2
長ネギの白い部分…40g
パスタ（フェデリーニなどの
細いほうがベター）…50g×2
ゆずコショウ…小さじ1
醤油…小さじ1
黒コショウ…少量

作り方

❶ オリーブ油とニンニクをフライパンに入れて弱火にかけて香りを出します。

❷ 充分に香りが出てきたら3cmの斜め切りにした長ネギ、ゆずコショウ、鶏挽肉を加えて一緒にほぐしながら炒めていきます。

❸ 肉の色が白っぽくなったら、少しかためにゆでたパスタとパスタのゆで汁100cc（分量外）を入れて煮詰めつつ、味をからめます。

> パスタは表示のゆで時間の1分前に上げるとちょうどいい！

❹ 最後に醤油を回しかけて、黒コショウをふれば完成です。

挽肉のチキンナゲット

揚げものは面倒くさいな～という場合は、
フライパンに2cmの高さまで油を入れて熱してください。
肉を入れるとちょうど全体が浸るくらいになると思います。

タンパク質 68.1g　カロリー 640kcal　糖質 33.8g

*8～10個分の計算

材料：8～10個

鶏むね挽肉…250g
強力粉…大さじ2
卵…1個
醤油…大さじ1
ガーリックパウダー、
ナツメグパウダー…各少量
片栗粉（もしくはコーンスターチ）…適量
揚げ油…適量

作り方

❶ フードプロセッサーに鶏挽肉、強力粉、醤油、卵、スパイスを入れて回します。

> 均一に混ざり、粘りが出るまでよく回してください。

❷ 食べやすい大きさに丸め、火が入りやすいように円盤状につぶします。

❸ 表面に片栗粉をまぶして180℃の油で揚げます。じっくりとキツネ色に揚げてください。

❹ 色がついたら裏返して両面キツネ色になったら油をきってキッチンペーパーの上に取り出します。

> 揚げたてアツアツをフーフー言いながら食べるのもいいですが、2分間ほど休ませると、余熱でしっとり中まで火が入り、肉汁も落ちつきます。

❺ トマトケチャップを添えてどうぞ。

> ナゲットのお供はケチャップが一番！ フレンチマスタードにハチミツを少し加えたディップもいいですね。

鶏ミンチと
赤みそのそぼろ丼

タンパク質 32.2 g

カロリー 445 kcal

僕の故郷、愛知県のドテ丼というモツ味噌煮込み丼をアレンジしてみました。
赤味噌は甘みがないので、砂糖を加えますが、
合せ味噌を使う場合は甘みがあるので砂糖の量を減らしてください。

材料：2人前（写真は1人前）

鶏むね挽肉…200g
酒…大さじ2
味醂…50cc
赤味噌（合せ味噌でも可）…50g
ショウガ（みじん切り）…20g
砂糖…大さじ1
ご飯…140g
長ネギ、卵黄、一味唐辛子…好みで

作り方

❶ フライパンに酒と味醂を入れて火にかけ、鶏挽肉を入れてほぐしながら中火で煮込みます。

❷ 煮詰まる直前に赤味噌を入れて混ぜ、ショウガを加えます。最後に砂糖を入れて味を調えます。

❸ 丼にご飯をよそって上に❷の肉みそをのせます。長ネギのみじん切りと卵黄、一味唐辛子をふって完成です。

OGINO風オムライス

タンパク質をたっぷり摂りたい場合は、白身多めにしてもいいでしょう。
この場合もスクランブルエッグのつくり方は同じです。

材料：1人前

鶏むね挽肉…60g
玉ネギ（1cm角切り）…100g（¼個）
ピーマン（1cm角切り）…1個分
トマトケチャップ…50g
卵…3個
牛乳…50cc
冷やご飯…50g
バター…20g
塩、コショウ、砂糖…各適量
トマトケチャップ（飾り用）…適量

作り方

❶ フライパンにバターを溶かし、玉ネギとピーマンを炒めます。しんなりしてきたら鶏挽肉を加えてほぐし、色が白っぽくかわるまで炒めます。

❷ 冷やご飯を入れてほぐし、トマトケチャップで味を調えます。味が足りなければ塩を1つまみ加えてください。

❸ ボウルに卵と牛乳を入れて塩、コショウ、砂糖を1つまみ入れてよく混ぜ、湯煎にかけて泡立て器かゴムベラで混ぜながら火を入れていきます。

ボウルが熱くなるので鍋つかみを使ってください。予想以上に余熱で火が入るので、ときおり湯煎をはずしてトロトロのスクランブルエッグを目指しましょう。

❹ 卵にとろみがついてきたら、火からおろして余熱で仕上げます。

❺ ❷のケチャップライスを皿に盛って上から❹をかけてケチャップをかけたら完成です。お好みでタバスコを。

タコライス

チキンにレタスやトマト、チーズなど、豪快に全部を混ぜ混ぜしていただきましょう！

材料：2人前（写真は1人前）

鶏むね挽肉…200g
玉ネギ（1cm角切り）…200g（½個）
ニンニク（みじん切り）…小さじ1
トマトケチャップ…70g
ウスターソース…30g
チリパウダー、タバスコ…各小さじ½
トマト（角切り）…大さじ1
シュレッドチーズ…大さじ1
レタス（ざく切り）…適量
ご飯…140g
サラダ油…大さじ1

作り方

❶ フライパンにサラダ油をひいて玉ネギを入れて火にかけ、しんなりするまで弱火で炒めます。

❷ ❶にニンニクと鶏挽肉を入れてほぐしながら、同じく弱火で炒めていきます。

❸ 挽肉の色がかわったら、ケチャップ、ウスターソース、チリパウダー、タバスコを入れて混ぜてください。

❹ 調味料が全体になじんできたら味を確かめて出来上がりです。

❺ 器にご飯を盛り、ざく切りのレタス、炒めた❹の肉、トマトをのせ、最後にチーズを散らして出来上がり。

ガパオ

タンパク質 34.9g　カロリー 431kcal　糖質 35.9g

タイ産のバジル「ガパオ」を使った炒めものをライスにのせた料理です。
入手しにくいので、普通のバジルでつくりました。
この料理は思いきってニンニクを効かせたほうがいいでしょう。

材料：2人前（写真は1人前）

鶏むね挽肉…200g
玉ネギ（ざく切り）…200g（½個）
赤・緑パプリカ（細切り）…各1個分
バジル…1パック
ニンニク（みじん切り）…小さじ1
ナンプラー…大さじ1
オイスターソース…大さじ1
スイートチリソース…大さじ1
サラダチキンの煮汁…80cc
（なければ水40ccと酒40cc）
サラダ油…大さじ1
ご飯…140g
目玉焼き…2枚
黒コショウ…適量

作り方

1. フライパンにサラダ油を熱してニンニクを軽く炒めます。
2. 鶏挽肉を入れてほぐし、色が白っぽくかわったら、玉ネギ、パプリカを入れます。
3. バジル、オイスターソース、ナンプラー、スイートチリソース、サラダチキンの煮汁（もしくは酒と水半々）を入れます。
4. 水分が煮詰まるまで強火で煮ていきます。味を確かめて完成です。
5. ご飯の上にガパオをのせてお好みで目玉焼きを添えて、黒コショウをふってください。

荻野伸也 ｜おぎの しんや

1978年愛知県生まれ。
2007年東京・池尻にフレンチレストランOGINOを開店する。その後、同店で人気となった「パテドカンパーニュ」を主軸としたオンラインショッピングを開始。注文に対応するために食肉加工工場を開業する。2012年東京・代官山にデリカテッセンを開店（現在閉店）。これを皮きりに、現在はレストランOGINOのセカンドラインとして、スローフードをファストフード感覚で提供する「TABLE OGINO」を関東中心に展開している。
小さい頃からサッカーチームに所属するなど、身体を動かすことが好きで、30歳台からロングトライアスロンを始めた。自転車、トレイルランニング、ウルトラマラソン、サーフィンの愛好者でもある。

栄養指導・栄養計算
管理栄養士

山下圭子 ｜やました けいこ

福岡女子大学卒業後、料理研究家村上祥子氏に師事。現在は、福岡市の㈱日立博愛ヒューマンサポート「有料老人ホーム フィランソレイユ笹丘」に勤務。
14、33、41、47、55頁執筆。

アスリートシェフの

チキンブレストレシピ

鶏むね肉でパワーアップ!

初版印刷　2016年10月30日
初版発行　2016年11月10日

著者©　荻野伸也(おぎの・しんや)

発行者　土肥大介
発行所　株式会社柴田書店

〒113-8477
東京都文京区湯島3-26-9 イヤサカビル
電話　営業部03-5816-8282(注文・問合せ)
書籍編集部03-5816-8260
http://www.shibatashoten.co.jp

印刷・製本　シナノ書籍印刷株式会社

ISBN 978-4-388-06257-7
Printed in Japan